Walter Mair
Osttirol
Zauber der Bergseen

Wo die Welt beim Raneburgsee viel friedlicher ist, wo Blütenflocken sich dem Wind und dem Spiele hingeben, sich wohlig wiegen, da läßt sich auch mit geschlossenen Augen die ganze Pracht und Herrlichkeit eines Bergsommers erahnen.

Walter Mair

Osttirol
Zauber der Bergseen

mit 141 Farbbildern
und 160 benannten Seen
in Osttirol

Tyrolia-Verlag · Innsbruck-Wien

Mitglied der Verlagsgruppe „engagement"

Die Deutsche Bibliothek – CIP-Einheitsaufnahme

Mair, Walter:
Osttirol : Zauber der Bergseen / Walter Mair. –
Innsbruck ; Wien : Tyrolia-Verl., 1995
ISBN 3-7022-1994-3
NE: HST

Alle Rechte bei der Verlagsanstalt Tyrolia, Innsbruck 1995
Umschlagbild: Planklacke am Hirschbühel
Farblithos: Tiroler Repro, Innsbruck
Druck: Athesia-Tyrolia Druck, Innsbruck
Satz und Layout: Walter Mair, Georg Zloebl

Inhalt

Vorwort   7

Verträumte Seen im versteinerten Reich der Schobergruppe   11

Die Lienzer Sonnseite und Bergseen rund um die Schleinitz   11
Am Natur- und Kulturweg zu den Quellmooren und Bergseen im Debanttal   19
Das Leibnitztal – Bergseen im steinigen Umfeld der Hochschoberhütte   26

Das Kalser Tal, am südlichen Kammfuß des Großglockners   29

Bergseen in der nördlichen Schobergruppe und in den Granatspitzbergen   29
Auf der Kalser Glocknerstraße schneller zu Seen und Felsgipfeln   31
In das Kalser Dorfer Tal: zu den Bergseen auf sonnenhellen Plätzen der Nationalparkregion   36

Bergseen im Tauerntal und in der westlichen Granatspitzgruppe   40

Das Landecktal – Einsamkeiten abseits der Touristenstraße   42
Helles Eis am Dabersee – finstere Schatten am Klockenkogel   44
Der Dreiseenweg, die „Königsetappe" am St. Pöltener Ostweg: wo sich namhafte Eis- und Felsgipfel in herrlichen Bergseen spiegeln   45

Die Venedigergruppe – die eisige Mitte der Hohen Tauern   50

Stationen innerer Einkehr – Bergseen am Gletscherweg-Innergschlöß   52
Am St. Pöltner Westweg in die verwegene Einsamkeit kaum bekannter Hochgebirgsseen   54
Die schönsten Geheimnisse des Wildenkogels   56
Eine dankbare Halbtagestour zum Raneburgsee   58
Kleine Seen in einem großen Tal   59
Geschichtsträchtige Almen und einsame Höhen am Knappenweg im Froßnitztal   60

Aus dem Virgental zu den Sonnseitseen der Venedigergruppe   61

Der Eissee im Timmeltal   62
Gleißende Eisdächern und der Simonysee im Maurer Tal   64
Von der Natur angetastete Bergseen in der Hohen Grube   65

Aus dem Virgental zu den Seen am Lasörling-Nordhang   67

Der Bergersee weckt Träume und Wünsche am Lasörling-Höhenweg   67
Seen im uralten Bergbaugebiet und auf historischem Boden   68
Beschaulichkeiten am Höhenweg zwischen Lasörling- und Zupalseehütte   69
Der Zupalsee weit oberhalb der Sonnenortschaft Virgen   70
Von der Gunst der Jahreszeiten abhängig – der Lackensee   71
Der Große Zunig – leuchtende Bergaugen um einen beliebten Gipfel   74

Bergseen auf den Sonnenhängen und bevorzugten Plätzen des Lasörlingkammes   75

Lohnende Seenbesuche aus dem Defereggental   75
Das Tögischer Bachtal und die „Knappenlacken": stumme Zeugen verwehter Zeit   76
Kleine Seen am First der Lasörlingberge   77
Das Trojer Almtal – ein prächtiger Rahmen für Bergseen zwischen Gras und Eis   80

Der Panargenkamm – Seenvielfalt im Reich rauher Felslandschaften   82

Harzduftende Zirbenwälder und schweigende Hochkare   84
Namensverwandtschaft von den Alplesseen bis auf die Alplesspitze   85
Ein König unter den Bergseen   87

Seenarmut im hellerleuchtenden Granit der Rieserfernergruppe   90

Der Schatz der Seen in den Deferegger Alpen   91

Der Obersee in der Hohen Zeit im Jahr   92
Die Vorgeschichte Osttirols: alte Jägerrast bei der Planklacke am Hirschbühel   94
Das Brugger Almtal: Seen auf Bergmatten und im fernen Felsenreich   96
Die besten Gaben der Berge – Seen im Zwenewaldtal   99
Im Grünalmtal – Wasser ohne Hast und Laut   102
Almen, Seen und bekannte Felsgipfel im Michlbachtal   105

Das Pustertal und Seen auf der Südseite der Deferegger Alpen   108

Lienz und der Hochstein: die geheimen Quellen und Seen des Bösen Weibele   108
Von der Pustertaler Höhenstraße zu den versprengten Seen im Wilfernertal   110
Das Erlebnis Kristeinertal   114
Seen in der Sonne des Gumriauls   116
Mit Kindern zu den Tessenberger Seen   118

Wo die Villgrater Berge ihre Seen hüten   120

Herrliche Berge im Arntal   120
Das Rote Kinkele und acht Bergseen im Ainathtal – zwei im Kessetal   122
Außervillgraten – Das Degenhorn und die Bergseen im Oberlauf des Schrentebaches   126
Stille Seen neben den Bergbahnen am Thurntaler   130

Die Kreuzeckgruppe – der Osttiroler Anteil   132

Das Naturdenkmal Zwischenberger Lacke   132
Am Ederplan – Rast und Aussicht genießen   133

Seen im hellen Fels der Lienzer Dolomiten   134

Das Laserz – Träume und Erinnerungen   134
Ein beliebter Badesee und das streng behütete Naturdenkmal Alter See   136
Der Jochsee im Westflügel der Lienzer Dolomiten   138
Eine Tümpellandschaft belebt die Kircher Almen   139

Die schönsten Rastplätze am Karnischen Kamm   140

Vom Helm bei Sillian bis an die Schwelle des Kärntner Bundeslandes   140
Der Füllhornsee und die Sillianer Hütte am Karnischen Kamm   141
Der Blaue See und seine Geschwister im Hollbrucker Tal   142
Am Felsenweg zum Obstanser See   146
Der Schöntalsee im schattigen Wald – die Stuckenseen im Grün der Bergmäher   148
Der Klapfsee diesseits – der Wolayer See jenseits der Kärntner Grenze   154
Viel Besuch beim Uferidyll des Wolayer Sees   155

Anzahl der Seen in Osttirols Berggruppen   158
Register (Seenverzeichnis)   158
Quellennachweis   159

Vorwort

Bei ungezählten Wanderungen haben mir die Bergseen den Tag und die Stunde bereichert. Dafür möchte ich danken, denn nirgends war die Rast und das Stillehalten angenehmer. Es verbindet sich mit den Seen eine unlösbare Erinnerung und eine immer wieder neu entflammbare Sehnsucht, diesen herrlichen Bereich der Berge aufzusuchen. Diesbezüglich bieten sich in Osttirol 160 Möglichkeiten an, und alle hier vorhandenen Seen versuche ich in diesem Buch anzuführen. Fast alle sind auch bildlich dargestellt. Niemals sind sie monoton, vielfältig sind sie in Farbe und Form, oftmals märchenhaft in die Landschaft eingebettet. Verschwiegene Moore, umschattete Waldtümpel verleiten zu naturkundlichen Wanderungen, verträumte Bergseen verheißen Freiheit und Abenteuer. Sie schillern abseits in lichten Zirbenhainen oder als typische Hochgebirgsseen von Steinen und windgeborenen Gräsern umsäumt und lehren uns, die erhaltenswerte Natur viel besser zu verstehen und deren Gesetze eher zu begreifen.

Seen sind Orte der Stille, an denen Schönheit und Idylle für sich allein sprechen. Dort sind wir nur Schauende, Forschende, denn nicht selten beherbergt das Umfeld der Seen eine reizvolle Flora und schutzbedürftige Vogelbiotope. Ebenso darf beim Leben in den Gewässern nicht vergessen werden, daß zur ökologischen Einheit der Fisch im Wasser dazugehört. Es gibt keinen besseren Umweltindikator als ihn, denn dort, wo der Fisch durch Verschmutzung nicht mehr leben kann, stirbt in der Folge auch alles andere Leben ab.

Historiker vermitteln und Archive verraten, daß bereits unter Kaiser Maximilian I. eine größere Anzahl von Hochgebirgsseen als Fischwasser genutzt wurden. Es war bei allen höher gelegenen Seen der Mensch, der dort die Fische eingesetzt hat. Einige wenige Seen sind im Privatbesitz, mehrheitlich sind sie Eigentum der jeweiligen Gemeinden, die auch für entsprechende Schutzmaßnahmen zuständig sind. Vorrangig kommt das Tiroler Naturschutzgesetz zur Anwendung. Diese Verordnung hat den Erholungswert der Seen und ein weitgehend unbeeinträchtigtes Landschaftsbild im Nahbereich derselben zum Ziel.

Seen sind ein verlockender Aufenthalt für Kinder und Seelenanker in den Spannungen unseres Lebens. Sie versprechen Freude, wecken die Lust zum Träumen und rücken die Gefühle verschiedenster Art wieder im wünschenswerten Maß zurecht.

Seen besänftigen die Ungeduld und schwingen die Begeisterung an; sie aufzuspüren, sie zu beschreiben und ihre zauberische Wandelbarkeit den Einheimischen ebenso wie den Besuchern von auswärts näherzubringen, ist das Anliegen dieses Buches.

Mögen jene herrlichen Seen, mit denen ich mich einige Jahre intensiv beschäftigt habe, informative Einsicht bieten und auch Stunden des Genießens gewähren.

Lienz, Sommer 1995   Walter Mair

*Ein neuer Morgen weckt den noch träumenden **Löbbensee** am Wildenkogelweg. Dämmrige Schatten streifen über die Ufer, und erstes Licht verfängt sich im Stachelkleid der dornig gewimperten Disteln. Die Seen sind die weit offenen Augen der Täler, Almen und Hochgebirge. Rätselhaft und wandlerisch verbreiten sie Stimmung, Farbe und Stille.*
Sie sind Rastplätze für Herz und Seele, durchdrungen von Schönheit, gelöst in Harmonie und somit gewiß mehr als nur Rest und Kind der großen Vereisungszeiten.

Verträumte Seen im versteinerten Reich der Schobergruppe

Die Lienzer Sonnseite und Bergseen rund um die Schleinitz

Die Stadt Lienz – der Name leitet sich von keltischer Besiedlung ab, vom ursprünglichen „Lonkina", festigte sich über mehrfache Namensänderungen 1750 endgültig – liegt, von sauberen Dörfern umschlossen, auf dem großen Lienzer Talboden, dem größten Tirols. Seine Entstehung führt in die Eiszeit zurück, als Isel- und Draugletscher im Verein mit dem über den Iselsberg vorstoßenden Möllgletscher die voreiszeitliche Talsohle großräumig ausweiteten und aufschütteten.

Die Gebirgsgruppe im Norden, die Schobergruppe, ist den Zentralalpen, somit der Zone der Alten Gneise, zuzuordnen, ein Gebietsteil, der touristisch im Schatten der benachbarten Glockner- und Venedigergruppe steht, obwohl er diesen Gruppen nur an Höhe, keineswegs jedoch an Schönheit und Formenreichtum unterliegt. Eine unverzichtbare Zierde der Schobergruppe sind die über 60 malerischen Bergseen, kleinere benannte Karseen hinzugezählt, welche die felsgrauen Hochkare, hauptsächlich in den Seitentälern, zwischen 2300 und 2500 m Höhe beleben.

Wenige sind höher, darunter der eng eingekesselte **Barrenlesee** (Seite 28), mit 2727 m der in diesem Gebietsteil höchstgelegene. Deutlich unterhalb dieser Höhenlinien werden in diesem Kapitel benannte Tümpel und Biotope berücksichtigt, soweit sie im westlichen Anteil der Schobergruppe einliegen. Überall finden sich in der Schobergruppe, einem der landschaftlich großartigsten Teile der Ostalpen, Spuren einst mächtiger Vergletscherungen. Berg- und Talformungen wurden vielfach vom Eis gebildet. Diesem verdanken auch die meisten Seen ihre Entstehung, für die großen tiefen Seebecken haben tektonische Vorgänge die Voraussetzungen geschaffen. Die Mehrheit der Seen liegt in sogenannten Daunkaren.

Das Zettersfeld, das Sonnendach der Lienzer, ist der südlichste Ausläufer der Schobergruppe. Die Schleinitz, 2905 m, gilt als Hausberg der Sonnseite. Der berühmte Botaniker Dr. Hoppe dürfte als erster die Schleinitz 1789 erstiegen haben, und damals schon rühmte er den Seenreichtum im Nahbereich dieses Berges. Im Morgenlicht der Schleinitz, in den Felsbecken der Ostseite schimmern die **Neualplseen**, 2438 m (Seite 12), im Schattenreich des Nordens erscheint der **Trelebitschsee** grünfarbig (Seite 14), während westlich der Schleinitz aus dem **Alkuser See** das Blau des Himmels schaut (Seite 16). Den bequemsten Zugang zu den Neualplseen erlaubt, von Lienz oder der Gemeinde Gaimberg ausgehend, eine Einseilumlaufbahn. Schnell ist das Zettersfeld erreicht und mit dem Sessellift das aussichtsreiche Steiner Mandl, 2213 m, wo sich der Panoramaweg zum familienfreundlichen Wanderweg verbreitert und 1 Stunde weit zu den Neualplseen führt. Zwei der von den Sattelköpfen umhüteten Seen sind von beachtlicher Größe, während ein halbes Dutzend kleinerer Tümpel und seichter Lacken beiseitegerückt und versprengt im Vorfeld glänzt. Ein einzelner See liegt weiter östlich in einer grünen Hangmulde zu Füßen des Goiselemandl, unübersehbar und dennoch unbeachtet.

Zum **Trelebitschsee**, 2341 m, verläßt die nächste Etappe der Schleinitzrundwanderung das eng mit dem Zettersfeld verbundene Bergkar der Neualplseen in nördlicher Richtung, wohin auch ein Seeabfluß das Gefälle gegen das Debanttal nützt.

Bald schwingt sich der Steig links über eine von den Sattelköpfen herabziehende Rasenkante, und über Stufen und Steine gelangt man in das Trelebitschkar, in dem man nicht sogleich nach dem Trelebitschsee Ausschau halten darf. Diesem begegnet man in seinem petrolgrünen Kleid erst später, höher im Kar und 2 Stunden von den Neualplseen entfernt. Mühsam ist der weitere Aufstieg zum Trelebitschtörl, 2726 m, ein Steig, der hart gepflastert ist und eckig im gestuft aufsteigenden Kar hin und her schwenkt. Das Trelebitschtörl liegt als schmale Lücke im turmbewehrten Nordgrat der Schleinitz.

Der **Kleinsäblsee**, 2589 m (Seite 15), verbirgt sich in der Nordwestflanke der Schleinitz, ehe man über die Alkuser Scharte, und so südlich die Schleinitz umgehend, am Oberwalder Steig dem sonnigen Zettersfeld wieder zusteuert.

Viel Kraft und Ausdauer, insgesamt 8-10 Stunden, wird die große Schleinitzrundwanderung auf ungebahnten Wegen durch unberührte hochalpine Zonen erfordern.

Die **Neualplseen** bieten schöne Ferientage mit Sonne und Bergabenteuer.
Ein bequemer und gut ausgebauter Panoramaweg führt in gut 1 Stunde vom Steiner Mandl am Zettersfeld zu den Neualplseen im weitläufigen und stark gegliederten Kar östlich der Schleinitz, 2905 m. Eine beschauliche Wanderung, die sich landschaftlicher Schönheit zuwendet, wenig berührtem Raum mit einer unsichtbaren Grenze, die sich nur im Namen der beiden großen Felsbeckenseen zu erkennen gibt. Die Gemeindegrenze von Thurn und Nußdorf scheidet den **Südlichen Neualplsee** oder **Thurner See**, 2438 m, vom, mit einer kleinen Insel ausgestatteten, **Nördlichen Neualplsee** oder **Nußdorfer See**, 2436 m.
Dies geschieht ohne Benachteiligung der einen oder anderen Agrargemeinde, denn mit 1,8 ha und 1,9 ha sind die Seen nahezu gleich groß. Die Wassertiefe von 13 m des Thurner Sees und 7 m des Nußdorfer Sees verbürgt beiden einen ähnlich nutzbaren Fischbestand, der sich mit Seesaiblingen und Elritzen (Pfrillen) der typischen, heimischen Fauna der Hochgebirgsseen anpaßt.
Der Besatz erfolgte angeblich durch Mönche aus dem Pustertal, während er in diesem Jahrhundert ausblieb. Mit 304 m Länge übertrifft der Nußdorfer See den nachbarlichen Thurner See um 17 m, nicht aber an Fassungsvermögen, das mit 75.000 m³ fast an den Speicher am Lackenboden (Seite 18) heranreicht.

*Zu den **Neualplseen** führt ein familienfreundlicher Panoramaweg. Dort werden wir an von Schönwetter begünstigten Sommertagen nicht allein sein. Bis zu den Seen schwappen die Besucherwellen aus dem Tourismuszentrum am Zettersfeld: Seen, kühl in Moos gebettet und in Stein, den die Schleinitz in die Tiefen schüttelte.*

Hinauf zum **Trelebitschsee**, 2341 m, geht man der Einsamkeit entgegen.
Ins Nordkar der Schleinitz führt kein Weg der Massen, auch kein gebahnter Weg, und schon der Name, der vom slawischen „Treovice" abgeleitet wurde, spricht von Hürden und Hindernissen, womit die Unwegsamkeit gemeint war. Inzwischen führt ein holpriger Steig ins Trelebitschkar, und vereinzelt nur zählt man die Besucher, die für einige Stunden mit einer stillen Welt vorliebnehmen und neue Landschaften entdecken. Das gegen Lienz gewandte Gesicht der Schleinitz ist in all seinen Zügen bekannt und vertraut. Fremd dagegen mag dem Betrachter die abgekehrte Nordflanke sein, die sich mit vorspringenden Pfeilern im mit Blöcken überstreuten Trelebitschkar aufstützt, dort, wo moosgrün der 0,8 ha große und vergessene Trelebitschsee Schmuck und Zierde ist.

Der **Trelebitschsee**, *2341 m, wappnet sich mit Geröll und Einsamkeit, in einem geheimnisumwitterten Versteck, in dem Stille und ein Hauch von Ewigkeit zu den Sattelköpfen aufsteigt.*

Der **Kleinsäblsee**, 2589 m: die Begegnung mit einem kleinen Unbekannten, abseits belebter Plätze.

Auf der Westschulter der Schleinitz verbirgt sich der Kleinsäblsee als zärtliches Gegenstück zum großen Alkuser See. Bleiben wir mit der Schleinitzrundwanderung der vorgegebenen Richtung treu, dann hat man, vom Trelebitschsee aufsteigend, der Markierung folgend, das Trelebitschtörl, 2726 m, erreicht und bereits einen schnellen Blick zum tiefblauen Alkuser See geworfen. Er ist von Steilfels und von sonnheller Halde umgeben, in einem der schönsten Bergkare zu Hause. Bäche sind hörbar, mit einem hellen, klaren Ton, der durch den lachenden Tag bis hinauf zum Trelebitschtörl emporschwingt. Von dort hält man sich südlich und erreicht in einer halben Stunde den Kleinsäblsee. Dieser ist auch direkt vom Zettersfeld, am Oberwalder Steig, über die Alkuser Scharte zugänglich. Von dort führt uns die rote Markierung westlich an der schroffen Schleinitz vorbei in insgesamt 3½ Stunden zum verträumten Kleinsäblsee.

*Mit dem im Nacken der Schleinitz sich haltenden **Kleinsäblsee**, 2589 m, hat in diesen trockenen Halden eine erfinderische Natur eine liebliche Oase geschaffen, ein kleines, ungestörtes Wasser, das sich mit härtesten Bedingungen und allen Jahreszeiten zu arrangieren weiß.*

Der **Alkuser See**, 2432 m – ein Paradies auf den Sonnenterrassen unterhalb der Rotspitze. Der See ist mit 6,6 ha der größte im Osttiroler Anteil der Schobergruppe und mit 48 m zählt er nach heutigem Wissensstand zu den tiefsten natürlichen Hochgebirgsseen Tirols. Der Alkuser See ist an seinem Nordufer durch eine senkrecht abstürzende Felswand geprägt, die sich unterhalb der Wasserlinie bis nahe an die Maximaltiefe des Sees fortsetzt. Die Bezeichnung Alkuser See stammt laut A. Achleitner von „alla casa" = „Sennhütten", eine Namensgebung, die sich von Alkus zu den gleichnamigen Almen und schließlich bis zum dunkelblauen Alkuser See übertragen hat.

Ein direkter Zugang zum See führt von Ainet im Iseltal hinauf in den Weiler Oberalkus und von dort in beschaulicher Wanderung vorbei an der Kunigalm zum Pitschedboden, 2276 m. An diese Verebnung, ein von Bachmäandern durchnetzter, verlandeter See, fügt sich noch eine Hangstufe an, über die der Alkuser See mit seinem ihm vorgelagerten, seichten Tümpel in insgesamt 3 Gehstunden erreicht wird.

Ungefähr 700 m weiter südlich verbirgt sich noch ein Bergauge, der **Gutenbrunner See**, 2316 m, auch „Gutenbrunn", wie Einheimische den abgesonderten, ca. 4 m tiefen und 0,8 ha großen, mit hochwertigen Seesaiblingen besetzten See nennen. Für den Fischreichtum spricht auch der von den Oberdrumer Almen bis zum Alkuser See durch steiles Gelände führende Fischersteig.

*Der **Alkuser See**, 2432 m, erscheint samtblau – ein Stück Himmel auf felsigem Boden. Senkrecht brechen die Wände in den See, und hart fließen die Blockhalden ans Ufer. Nur im Süden, wo der See mit übergrünter Böschung spitz zuläuft, finden wir den Rastplatz und einen schlichten Steinaltar. Er dient gelegentlich Bergmessen: ein nicht alltägliches Fest, in einem würdigen Rahmen, zwischen den spitzen Giebeln der Schleinitz und dem wenig bekannten Rotgebele im Süden.*

Das altgewohnte Bild am Zettersfeld hat der **Lackenbodensee***, 2080 m, ein umzäunter Speichersee, verändert.*

Der **Lackenbodensee** ist ein „Neuling" und Spiegel der Schleinitz. Die Lienzer Alm, das Zettersfeld, gilt als eines der schönsten Schigebiete Osttirols. Dieser Ruf soll durch weitere Ausbaumaßnahmen gefestigt werden. Moderne Seilbahnen, Beherbergungsbetriebe aller Kategorien, ein neues Almdorf, ein „Hoch-Lienz", prägen das sonnenreiche, von vielfältiger Erschließung erfaßte Gebiet. In das Spiel der Kosten-Nutzen-Rechnung greifen auch hohe Investitionen der Pistenbeschneiung, für welche die einstmals kleinen Lackenbodentümpel zu einem Speichersee mit einem Fassungsvermögen von nunmehr 80.000 m³ vergrößert wurden. In der auf 5 ha geweiteten Wasserfläche vermag sich auch der Hausberg des Zettersfeldes, die Schleinitz, eitel zu betrachten. Dieser unschwierige, mit einem Kreuz gekrönte Aussichtsberg ist mit Hilfe der Sesselbahn auf das sanftgerundete Steiner Mandl und vorbei an den Neualplseen (Seite 12) in 3 Stunden leicht erreichbar.

Am Natur- und Kulturweg zu den Quellmooren und Bergseen im Debanttal

Die südliche Schobergruppe wird durch den tiefen Einschnitt des Debanttales in zwei mächtige Gebirgskämme geteilt. Mit nahezu 17 km Länge ist das vom Lienzer Talboden nach Norden zum Hochschober hinreichende Tal das längste in sich geschlossene der Osttiroler Nationalparkregion. Bedingt durch das günstige Klima einer abwechslungsreichen Landschaft und Vegetation, beherbergt die südliche Schobergruppe mit dem Debanttal ein breites Artenspektrum an Tieren, alle Charakterformen des Bergwaldes, eine naturnah gestaltete und bis heute bewahrte Almregion und eine interessante Alpinstufe, die hinauf bis weit über 3000 m reicht. Der Gletscheranteil im Debanttal ist nahezu unbedeutend, jedoch weist der Talschluß zahlreiche, von früheren Vereisungen geprägte, Geländeformen auf. Genährt von Seitenbächen mit unzähligen kleinen Wasserfällen, fließt der Debantbach kristallklar und schäumend in seiner einzigartigen wilden Ursprünglichkeit talwärts. Mit der Errichtung des Natur- und Kulturlehrweges im Debanttal, in der Außenzone des Nationalparks Hohe Tauern, wurde ein weiterer Mosaikstein im Bildungsbereich gesetzt. Abgestimmt auf die überaus interessanten natur- und kulturräumlichen Gegebenheiten des Debanttales, wurden insgesamt elf Themenbereiche wie z.B. die seltsame Lebensweise der Flechten, die kulturhistorisch und ökologische Wertigkeit der Almwirtschaft didaktisch aufbereitet und auf grafisch gestalteten Schautafeln dargestellt: eine Einladung zum Studium und zur Beschäftigung mit den naturkundlichen Raritäten im freien Raum. Dieses „Freiland" hütet märchenhafte Quell- und Alpenmoore, für vielerlei Kleinlebewesen nützliche Tümpel und kleine Seen, die ebenso Lebensraum für seltene Tiere und Pflanzen sind.

Ausgangspunkt für Wanderungen in das Debanttal ist Nußdorf-Debant oder Dölsach. Eine asphaltierte Bergstraße erleichtert die Zufahrt „Zur Säge" in der hochgesetzten Talmündung. Bis zum kleinen Parkplatz beim Seichenbrunn leitet der Almweg, benützbar für PKW oder Taxizubringer. Taleinwärts verlassen wir den Talweg bald, um auf dem Natur- und Kulturweg die Schönheiten beim Debantbach und auf freien Almflächen eindrucksvoll zu erfahren. Der nur einstündige Lehrweg bahnt sich anfangs durch dichten Gebirgswald, wo der auf Seite 20 dargestellte **Waldtümpel,** 1710 m, nichts mehr fürchtet als Menschen, die für solche Raritäten kein Verständnis haben. Bei der Gaimberger Alm, 1753 m, entstand 1993 das erste kleinräumige Vertrags-Naturschutzgebiet, in dem ein wertvolles Quellmoor umzäunt und somit aus der landwirtschaftlichen Nutzung genommen wurde. Die weitere Wegstrecke sucht die Nähe des Debantbaches, eines wild peitschenden Wassers, das sich meist eilig und stürmisch durch Felsengen drängt und über Steine jagt. Nach einem waldbestockten Moränenwall erreicht man eine gediegen aus Holz gezimmerte Brücke, die, auf Felsen geheftet, beim Überqueren des Baches hilft. Der Weg führt weiter zur nahen Hofalm, 1824 m, die sich noch viel von ihrer Ursprünglichkeit bewahren konnte und, vom Rauschen des Perschitzbaches umweht, in hochalpiner Stimmung verharrt. Nur noch ein mäßiger Aufstieg, teils auf Blockwerk mit uralten Zirbenbeständen, teils auf einem Hangrücken, trennt von der Lienzer Hütte, einem mehr als 100 Jahre dienenden Schutzhaus, 1977 m, wo letzte zerzauste Wetterlärchen sich beugen und acht Dreitausender einen wehrhaften Rahmen bilden.

Benützt man zur Lienzer Hütte den vierstündigen und landschaftlich empfehlenswerten Lienzer Höhenweg, einen für Ausdauernde vom Zettersfeld entlang der Schattenhänge einwärts führenden Wandersteig, dann schließt die erste Etappe nach $1^{1}/_{2}$ Stunden die **Seewiesenalm,** 1981 m (Seite 20), mit ein. Der vom Alpenverein angelegte Weg setzt knapp unterhalb der Faschingalmlift-Bergstation an und führt mit der Sicht auf die gewaltige Gipfelkulisse der zentralen Schobergruppe zur erwähnten Seewiesenalm mit mehreren grün überwucherten, von uralten Moränen abgedämmten Seen. Nur ungern verläßt man dieses einzigartige Landschaftsidyll.

Einen anderen herrlichen Tümpel kann man 20 Minuten oberhalb der Lienzer Hütte entdecken, das **Untere Trögele**, ca. 2100 m (Seite 20), während der **Salzplattensee**, ca. 2350 m (Seite 22), nach 1 Stunde am Elberfelderweg sichtbar wird und unweit davon riesige rundmodellierte Steinblöcke ein eindrucksvoller Aufenthaltsort sind.

In den Schattenhängen des Debanttales befinden sich einige besuchenswerte Tümpel.
Im Nahbereich vom Seichenbrunn versteckt sich ein **Waldtümpel**, 1710 m, von greisenhaft wirkenden, langbärtigen Fichten und Lärchen bewacht und unangetastet von wortlos vorbeischreitenden Jahrhunderten.
Frei und von kantig gemeißelten Felsgipfeln umringt, liegt versteckt, „s´Untere Trögele", 2100 m, etwa 15 Gehminuten schattseitig oberhalb der Lienzer Hütte.
Unübersehbar dagegen und umweltbewußte Besucher duldend, überrascht die Idylle bei der Seewiesenalm, 1992 m, eine der schönsten Stationen am Lienzer Höhenweg, der vierstündig und entlang der Nordhänge des Debanttales sich vom Zettersfeld zur Lienzer Hütte streckt. Im Bereich der Bergstation des Faschingalmliftes verläßt der Höhenweg das Zettersfeld und führt mit der ersten Etappe zum stark verwachsenen **Tümpel** bei der **Seewiesenalm**, 1981 m, mit der verträumten, den Hochsommer über bewohnten Hirtenhütte.

△ Der **Waldtümpel**, 1710 m, im Debanttal, ein hinter Fichten abgeschirmtes Wasser und abseits vom breiten Weg. Eine verschworene, schattenliebende Pflanzenwelt hat hier ihren Standort, hat sich zu einer Gemeinschaft zusammengeschlossen und ist abhängig geworden von Einsamkeit und anhänglich der Stille in den Waldhainen, wo Sterben und Neugebären einem immerwährenden Rhythmus unterliegen.

◁ Auf einer vorspringenden Hangterrasse bergseitig der Lienzer Hütte liegt von besonderer Schutzwürdigkeit „s´ Untere Trögele", ca. 2100 m, eine unberührte Urlandschaft. Zwergwüchsige Lärchen bewachen auf engem Raum das kleine Paradies, der Glödis und seine Nachbarn schließen sich zum äußeren Rahmen. Es ist, als hielte hier die Welt den Atem an, wie plötzliche Windstille, nur ringsum hört man mit alter, gleichbleibender Regelmäßigkeit flinke Bäche rauschen.

▷ Bei der **Seewiesenalm**, 1992 m, wo Zirben wie Wächter stehen, mag eine geheimnisvolle Sagenwelt ihre bunten Geschichten wachrufen und stets erneuern, am noch weiten Weg in Richtung Lienzer Hütte.

Einige reizvolle Bergseen zieren die Sonnenhänge des Debanttales. Der über die Bergrücken scharrende Hobel der Eiszeit hat den Seen hochgelegene Steinmulden vorbereitet.

Am Elberfelder Weg, zwischen Lienzer Hütte und Gößnitzscharte, 2737 m, liegt nach 1 Stunde auf halber Strecke der mit Rasen und Blöcken gesäumte **Salzplattensee**, ca. 2350 m. Bauern und Hirten des Debanttales tragen dort den Schafen das Salz zu und streuen es auf die mächtigen, vom Gletscher rund- und glattgeschliffenen, riesenhaften Felsplatten, wodurch der knapp vorher liegende Salzplattensee seinen Namen hat.

Wer vom Iselsberg die Auffahrt zur „Schönen Aussicht" und weiter zur Raneralmhütte, 1903 m, nützt, ist vom **Schwarzkofelsee**, 2336 m, nur noch 2 Gehstunden entfernt. Am Wiener Höhenweg quert man die Sonnseithänge des Debanttales in Richtung Wangenitzseehütte so lange einwärts, bis eine Tafel und eine Markierung zum Schwarzkofelsee zeigen. Neu ist der sich dort fortsetzende Steig über den Straßkopf zurück zur Raneralmhütte, wodurch sich eine lohnende Rundwanderung ergibt, mit bevorzugtem Rastplatz beim Schwarzkofelsee.

Auch mitten im Sommer ist der felsgebettete **Eissee** auf der **Niederen Gradenscharte**, 2796 m, frostig umarmt. Er liegt bereits auf der Kärntner Seite und ist wegen seiner Lage zwischen Altschnee und Felsgrat je nach Jahreswitterung in seiner Ausdehnung sehr schwankend. Sein Abfluß sickert unter den Blöcken des Grates gegen das Debanttal. 2 Stunden beträgt die Gehzeit von der Lienzer Hütte und etwas weniger jene von der Adolf-Noßberger-Hütte zum winterlichen Eissee auf die Niedere Gradenscharte.

△ *Im Wasser des **Salzplattensees**, 2350 m, spiegeln sich der schneegarnierte Hochschober und der Kleinschober mit weißer Spitzkuppe. Der an manchen Stellen rostig ausfärbende Salzplattensee und die erwähnten, vom Gletscher rund gehobelten Riesenblöcke, sind ein, mit den Gaben der Natur ausgestatteter, beliebter Spielplatz für Kinder.*

◁ *Der **Schwarzkofelsee**, 2436 m, ein typischer Hochgebirgssee, liegt südlich des Spitzen Seichenkopfes in einem Felsbecken und ist teilweise von groben Moränen umlagert, die in der Nacheiszeit die Seebildung förderten. Über die schuttbeladenen, grün gesäumten Rücken am Südrand des Sees ragen die fernen und überwölbten Lienzer Dolomiten.*

▷ *Der vor dem Schattenriß des gezackten Hohen Perschitzkopfes und dem ebenmäßigen Kruckelkopf auf der Niederen Gradenscharte, 2796 m, gelegene **Eissee** gilt als Höhenrekordler in der Schobergruppe. Vom See aus ist die Besteigung des Keeskopfes, 3081 m, unschwierig.*

*Wo nach der Jahrhundertwende noch Eiszungen aufeinander prallten, liegt heute der **Große Gradensee**, 2474 m.*

Der **Große Gradensee**, 2474 m, ist in einem auch heute noch einsameren Gebietsteil der Schobergruppe beheimatet. Seine Schönheit und wechselnde Farbstimmung rechtfertigen einen Blick über die Bezirksgrenze in das Gradental mit der Adolf-Noßberger-Hütte. Der grünlich schimmernde Farbton des Großen Gradensees wird durch die mineralischen Schwebstoffe des Gletscherwassers verursacht.

Neben einem kräftigen Zufluß aus einem großen, zum Halbkreis geweiteten Einzugsgebiet nähren dick mit Geröll bedeckte Eiszungen den 4 ha messenden und bis zu 35 m tiefen See. Nach R. Lucerna endete die Zunge des Gradenkeeses 1936 im See, noch früher kalbte der Gletscher im Seewasser. Die Umgebung des großen Gradensees ist ausnahmslos durch die Tätigkeit des Eises geformt,

und ebenso tragen auch alle anderen Seen in diesem Talschluß die Handschrift aus herben Eiszeiten. Sie entwässern nach Putschall im Mölltal, wo auch der Ausgangspunkt zur Bergwanderung ins Gradental liegt. Mit der Auffahrtsmöglichkeit bis zur Gradenalm verkürzt sich die Gehzeit vorbei am blühfreudigen Gradenmoos und weiter zum Großen Gradensee auf 2 bis 3 Stunden.

Auch der **Wangenitzsee**, 2465 m, liegt mit dem **Kreuzsee**, 2483 m, im Kärntner Anteil des Nationalparks. Noch einmal sei erlaubt, in ein nachbarliches Gebiet, in das Wangenitztal, zu schauen, auf eines der bedeutendsten Seenbecken, zwischen Petzeck im Norden und der Himmelwand im Süden gelegen. Vom Dorf Mörtschach schwingt sich die Forststraße über den Pirkachberg in das Wangenitztal und zur gleichnamigen Alm. In insgesamt 4 Stunden und durch die urwüchsigen Zonen dieses Gebirgstales ist die Wangenitzseehütte der Alpenvereinssektion Holland erreicht. Um den mit drei kleinen Inseln gezierten 19 ha großen und 48 m tiefen, mit Seesaiblingen besetzten Wangenitzsee herum, einer der größten und tiefsten des gesamten Ostalpenraumes, wurde ein Klettersteig angelegt, der am flachen Ufer beschaulich, auf dem im Wasser fußenden Steilfels etwas schärfer und über die schaukelfreudige Seilbrücke am schluchtartigen Seezufluß für einen Augenblick aufregend ist.

Der höherliegende Kreuzsee fällt durch seine eigenwillige Form auf, die auch die Namensgebung beeinflußte. Mit 5,1 ha Fläche und 13 m Maximaltiefe speist er den viel größeren Wangenitzsee. Er selbst stärkt sich aus heimlichen Quellen und kleinen Bächen eines nahen Wollgrasfeldes, das die Sonne zärtlich umhegt.

*Der **Wangenitzsee**, 2465 m, im Angesicht von Seeschartenkopf und dem etwas höheren Gaiskofel, 2816 m.*

Das Leibnitztal – Bergseen im steinigen Umfeld der Hochschoberhütte

Der Hochschober und Prijakt prägen den westlichen Teil der Schobergruppe, und mit landschaftlichem Reiz lädt das Leibnitztal zur Einkehr in den von Seen verschönerten Gebietsteil ein. Von Ainet im Iseltal führt eine 7 km lange Bergstraße, von St. Johann eine Kleingondelbahn in den Weiler Oberleibnig, 1243 m. Die am Ostrand von Oberleibnig kehrenreich weiterführende Bergstraße zu den Einzelhöfen Unter- und Oberferch, 1454 m, wird dort von einem Waldweg abgelöst, der bis zum Parkplatz am Leibnitzbach vordringt. Von dort aus verkürzt sich die gesamte Gehzeit zur Hochschoberhütte, 2322 m, auf 2 Stunden. Zum azurblauen, 1 ha großen, bis zu 16 m tiefen **Gartlsee**, 2571 m, einem Paßsee, beträgt die Gehzeit über unterschiedlich alte Stirnmoränen noch eine weitere gemütliche Stunde.

Der 1981 erfolgte, dünne Besatz von Bachsaiblingen und Regenbogenforellen kann sich im nur von Sickerwasser genährten Gartlsee halten und toleriert eine Eisbedeckung bis Mitte Juli. Das Östliche und das Westliche Leibnitztörl, 2573 m, begrenzen den

von Blöcken umhäuften See. Er entwässert im Westen über eine steile Felsstufe mit teils unterirdischem Verlauf zur Hochschoberhütte und gegen das mit Zirben reich bestockte Leibnitztal. In Peter Anichs Karte von 1770 wird der Gartlsee noch als „Gattensee" bezeichnet.

Zu Füßen und im Schatten der riesenhaft auftürmenden Prijakte liegt der **See im Kleinen Barren**, ca. 2535 m, 1 Stunde südöstlich der Hochschoberhütte. Von noch geringerer Bedeutung ist der **See im Großen Barren**, direkt unter der Nordwand des Niederen Prijakt und abseits neugieriger Blicke.

Dagegen liegt die **Schoberlacke**, 2515 m, unübersehbar am Aufstieg zur Staniskascharte und zum Hochschober.

Als typischer Hochgebirgssee stellt sich der **Barrenlesee**, 2727 m (Seite 28), vor, eine entlegene Rast beim dreistündigen Aufstieg zum, bei günstiger Witterung unschwierigen, Hohen Prijakt, 3064 m.

△ Der **See im Kleinen Barren**, ca. 2535 m, verbirgt sich 1 Stunde südöstlich der Hochschoberhütte und an einer Steigteilung: Ostwärts leitet die Markierung über die Mirnitzscharte zur Lienzer Hütte, südwärts über steile Schrofen auf den Hohen Prijakt. Wäre dieser relativ leichte Dreitausender kein begehrtes Ziel und der Barrenlesee nicht ein von hochalpiner Stimmung umwehter Platz, dann würde dem See im Kleinen Barren wohl kaum eine Aufwartung zuteil, da er flach, klein sowie farblos ist und im groben Blockfeld für sich selbst nicht werben kann.

▷ Die unverwechselbaren Geschwister, der Hohe und der Niedere Prijakt, wenden ihre finsteren, dunklen Nordwände zur **Schoberlacke**, 2515 m, und zum Hochschober. Damit ist verraten, daß der kleine Terrassensee am sonnigen Normalanstieg zur Staniskascharte und zum Hochschober, 3240 m, liegt. Soweit muß man nicht gehen, bereits nach 1 Stunde gelangt man über der ersten Hangstufe zur Schoberlacke, eine Bezeichnung, die nur durch den Hochschober ein wenig Klang im Namen hat.

◁ Der **Gartlsee**, 2571 m, am Leibnitztörl, der mit dem Abschied des Sommers erblindet. R. Pechlaner schreibt, daß bei schattig und sehr hochgelegenen Seen bereits im September die Eislegung erfolgt und zeitliche Unterschiede unter anderem von der Größe des Wasserkörpers abhängig sind. Gelegentlich ist die Eisdecke am Gartlsee solchen Spannungen ausgesetzt, daß ein befreiendes Reißen und Bersten bis auf den Hochschobergipfel deutlich hörbar ist und dann weniger unheimlich wirkt, wenn man weiß, daß der Gartlsee Urheber dieses Krachens ist.

Zum **Barrenlesee**, 2727 m, wendet man sich von der Hochschoberhütte gegen Süden auf die gewaltigen Felsbastionen der Prijakte zu. Dort führt der Steig mit einem scharfen Linksruck zum See im Kleinen Barren (Seite 27) und zu einer Urlandschaft, in der die Zeit stillzustehen scheint. Hier zweigt die Markierung rechts, südöstlich ab und überwindet einen steilen, schroffen Hang, um in nicht minder urige Zonen zu gelangen. Wechselvoll und abenteuerlich ist der zweistündige Wegverlauf zum Barrenlesee, der 208 m lang und nur im Sommer kurz eisfrei ist. Solange die Schneepölster am Ufer nicht abschmelzen, speisen zwei Rinnsale aus den Ost- und Südhalden den in einem Felsbecken liegenden, bis zu 17 m tiefen und 2,3 ha großen See. Ein unterirdischer Abfluß ist am Westufer situiert.

◁ *Für Menschen, die das Besondere lieben, empfiehlt sich der Aufstieg zum **Barrenlesee**, 2727 m: ein verträumtes, nachtdunkles Bergauge, mit den dahinter sich auf kantigen und kühnen Felsgraten emporstemmenden Hoch- und Kleinschober.*

▷ *Der 1950 fertiggestellte **Tagesspeicher bei Oblaß**, 1069 m, im Mündungsgebiet des Kalser Tales, dient den eng mit der Zivilisation verketteten Menschen. Vom Stauwehr hinter Staniska fließt der Kalserbach durch einen 2,6 km langen Stollen in den 110.000 m³ fassenden Speicher. Im 270 m tiefer gelegenen St. Johanner Krafthaus arbeiten 3 Maschinensätze. Wildenten und Regenbogenforellen bewohnen den bis zu 8 m tiefen, mit starken Wasserspiegelschwankungen belasteten „Oblassersee".*

Das Kalsertal, am südlichen Kammfuß des Großglockners

Bergseen in der nördlichen Schobergruppe und in den Granatspitzbergen

Die Nationalparkgemeinde Kals am Großglockner erstreckt sich über einen Höhenunterschied von beinahe 1000 m vom Kalserbachkraftwerk bis auf 1735 m, zum Schliederlehof im Ködnitztal und in die Nähe des Großglockners, der sich als Wappensymbol geradezu anbietet. Wo die Kalser Berge besonders hart und steil den Himmel berühren, mildern sanft und gefügig die Bergseen das hochalpine Bild, dort, wo beim klaren See die Natur mit einmaliger Begabung alle Elemente der landschaftlichen Schönheit auf engstem Raum zusammenrückt. Im Gipfeldreieck von Tschadinhorn, Schönleiten- und Mörbetzspitzen glänzen auf grünen gestaffelten Terras-

*Wasser und Eis bei den „**Zelocks**", ca. 2600 m, im Kalser Lesachtal. Wasser an der Schönleitenspitze – Eis am Hochschober.*

senböden, ca. 2600 m hoch, drei unterschiedlich große Seen. Breit sind die Ufer mit Wollgras geschmückt, mit anspruchslosen Blüten, vom Wind gekämmt, von ihm zerzaust.

Der Zugang zum Seeidyll auf der Südostseite der Schönleitenspitze ist kraftraubend. Die erste Etappe führt von Oberlesach, 1412 m, am hoch in den Waldhang geschnittenen Forstweg entlang in das Lesachtal, wo bald die eis- und schneeblinkenden Gipfel des Hoch- und Kleinschobers einen unvergleichlichen Zauber ausströmen. Der Almweg verzweigt, und ein Ast wendet sich bergwärts, durch Lichtungen und Lärchenwald bis hin zur Lesachriegelhütte, 2121 m. Als Rarität am Wegrand gilt, nach Alois Heinricher, unterhalb der Hütte ein Tümpel mit einer für diese Höhenlage bemerkenswerten Libellenfauna.

2 Stunden beträgt das zeitliche Maß für diesen Abschnitt und ähnlich weit ist es am Westkamm zur Schönleitenspitze, 2810 m, empor. Der bisher übersichtlichen Markierung folgt jetzt ein dürftiger Trittpfad, etwa 300 m steil die südlichen Rasenflanken hinab. Dann betritt man linkshaltend jene Verebnung, wo größer ein See und etwas kleiner zwei Lacken zur Bezeichnung „See und Lacken" führten, die der Volksmund eilig und flüchtig zum „**Zelocks**" kürzte – wenn man dieser Version Glauben schenken will.

Auf der Kalser Glocknerstraße schneller zu Seen und Felsgipfeln

Ködnitz, eine der elf Kalser Fraktionen, ist der Hauptort mit der Pfarrkirche St. Rupert, die 1439 geweiht wurde und seit 1961 ihr heutiges Aussehen aufweist. Als ältestes sakrales Baudenkmal des Tales stellt sich das sagenumwobene, frei auf geneigtem Felde stehende St. Georgskirchlein vor, auf halbem Weg zwischen Ködnitz und Großdorf. Die 1980 vollendete Kalser Glocknerstraße führt ab Burg in das Ködnitztal, in eines der bekanntesten Osttiroler Gebirgstäler. Auf 1735 m liegt dort der höchstgelegene Bergbauernhof, während das Lucknerhaus, 1984 m, im Angesicht des Großglockners, an der Schwelle zu Österreichs höchstem, bedeutendstem Berg, auch die vielen Touristen versorgt, die mit Bus oder PKW am großen Parkplatz erwartungsvoll eintreffen.

Knapp vor dem Lucknerhaus, im Bereich der Materialseilbahn zur Glorer Hütte, machen Wegtafeln auf die unbeschwerliche zweistündige Wanderung über blühfreudige Wiesen zur Glorer Hütte am Berger Törl, 2651 m, aufmerksam. Auch zum Peischlachtörl, 2419 m, weisen Tafeln mit ähnlichem Zeitaufwand, und über üppig grünprangende Berghänge führt ein Weg zur Nigglalm und fortsetzend ein Wiesensteig in Richtung Böses Weibl. Nach einer hochliegenden zaungesäumten Hangkante, mit einem auf Steinen flachgezimmerten Stall, wird der Steig vom Rauschen des Peischlachbaches eingefangen, eines schnellen Wassers, dessen breit ausgeschürfte Erdschneise als schmale Felsschlucht am Peischlachtörl ansetzt. 2 Stunden benötigt man zum stark verlandeten See am Peischlachtörl, wo eine neue Unterstandshütte bei Schlechtwetter nützlich ist. Der Wiener Höhenweg übernimmt die nächste, ebenso 2 Stunden messende Etappe, über gerippte Felsbänke, kahle Rücken und dünnplattige Schichtgesteine, bis zum **Kesselkeessee,** ca. 2750 m (Seite 32), an der brüchigen Eiszunge des gleichnamigen Keeses. Darüber baut sich mit bekanntem Umriß das Böse Weibl, 3121 m, auf, ein unschwieriger Dreitausender und ein bedeutender Schiberg.

Am Kesselkeessattel, 2926 m, am Übergang zur Elberfelder Hütte im Gößnitztal steht das Gernot-Röhr-Biwak, eine von der Lienzer Alpenvereinsjugend 1974 erbaute Notunterkunft, die an einen in den Bergen tödlich verunglückten Freund erinnert.

*Das **Peischlachtörl**, 2490 m, öffnet im Norden eine „Tür" in die Schobergruppe und zum Bösen Weibl, einem beliebten Dreitausender der Kalser Region. Auf der wuchsfreudigen Verebnung des Kalser Törls ist der einstige See allseitig stark verlandet. Dennoch sind trügerische, moorige Stellen auch jetzt nicht begehbar, und man erzählt, daß vor etwa 50 Jahren ein Pferd unvorsichtig ins Moor getappt sei. Mit langen Hieflerstangen habe man versucht, es zu retten. Es sei hilflos und unaufhaltsam versunken. Die wenig bedeutungsvolle „**Hungalacke**" ist, wie der Name abfällig erklärt, ein schmächtiges Wasser und befindet sich nördlich des Peischlachtörls im Abflußbereich des verästelten Moosbaches.*

*Vor 20 Jahren war das Kesselkees noch stark gepolstert und drohte auch mit schmalen, längslaufenden Spalten. Heute ist das Kees mit Blöcken hart übersät, übersiebt mit Sand, von Schmelzwasser zerfurcht und glasig ausgehöhlt. Wo die kraftlose Keeszunge sich im Moränengrund auflöst, hat sich ein ca. 90 m breiter **Eissee** gebildet, ein milchigtrübes Wasser, in welches das Kesselkees monoton hineinklagt, währenddessen die gierige Sommersonne immer mehr Eis wegräumt und einstigen Glanz verdirbt.*

*Die **Kuhkarlacke**, 2824 m, ist eher klein, groß ist nur die Aussicht zur stumpfen Kegelspitze des Bösen Weibl und zu den weiß und prall geblähten Wolken, die wie Kähne langsam über den Himmel und durch das stein- und grasgerandete Wasser ziehen.*

Die **Kuhkarlacke** am Kasteneck, 2824 m, zwischen der Glorer Hütte am Berger Törl im Norden und dem Peischlachtörl im Süden, wird nur wenige Besucher erwarten dürfen. Sie liegt abseits der felsigen Zonen, der schweren, kantigen Türme und Blöcke des Kastenecks. Sie bevorzugt die südliche sonnige Seite des Kastenecks, wo 1 Stunde oberhalb des Peischlachtörls Rasenrücken und Mulden behutsam ineinanderfließen, zusammengeheftet sind von den tiefblauen Schusternagerln. Sie bevölkern magere Matten und Weiden, karge Halden und Felsen und stellen auch bei der Kuhkarlacke ihre geflügelten, mit spitzen Zähnen bewaffneten, endständigen Blüten zur Schau. Als vereinzelte rosarote bis zartpurpurne Ampeln leuchten auf schmalen, wenig vorspringenden Felsgesimsen die Steinnelken, die gefransten Blütenblätter auf dünnen, überhängenden Stengeln der Sonne zugewandt.

Der **Obere Glatzsee**, 2650 m, am Berger Törl, wo die Schober- und Glocknergruppe aneinanderprallen und der Wiener Höhenweg die beiden Berggruppen verbindet. Dort steht, frei nach zwei Seiten schauend, die Glorer Hütte, 2651 m.
Der schönste Blick richtet sich gegen die Bergwelt des Glockners, gegen das dort fremd und seltsam wirkende, von Eis und Wind geformte Schwerteck. Nur wenige Minuten von der Glorer Hütte entfernt läßt sich ein noch eindrucksvolleres Bild festhalten, beim Oberen Glatzsee, auch Glatzlacke genannt. Für den **Mittleren** und **Unteren Glatzsee** mag die Bezeichnung „Lacke" zutreffender sein.

Wenn man das Berger Törl gegen die Kärntner Seite ein kleines Stück überschreitet, dann gleitet der Blick vom ***Oberen Glatzsee****, 2650 m, zum Schwerteck, 3247 m, das, vegetationsarm und vom Wind überrannt, Heimat der Steinböcke ist. Nördlich, verdeckt und im Schatten des Berges, streckt sich das von Moränen gesäumte, zerklüftete Pasterzenkees, der Ostalpen bedeutendster Eisstrom.*

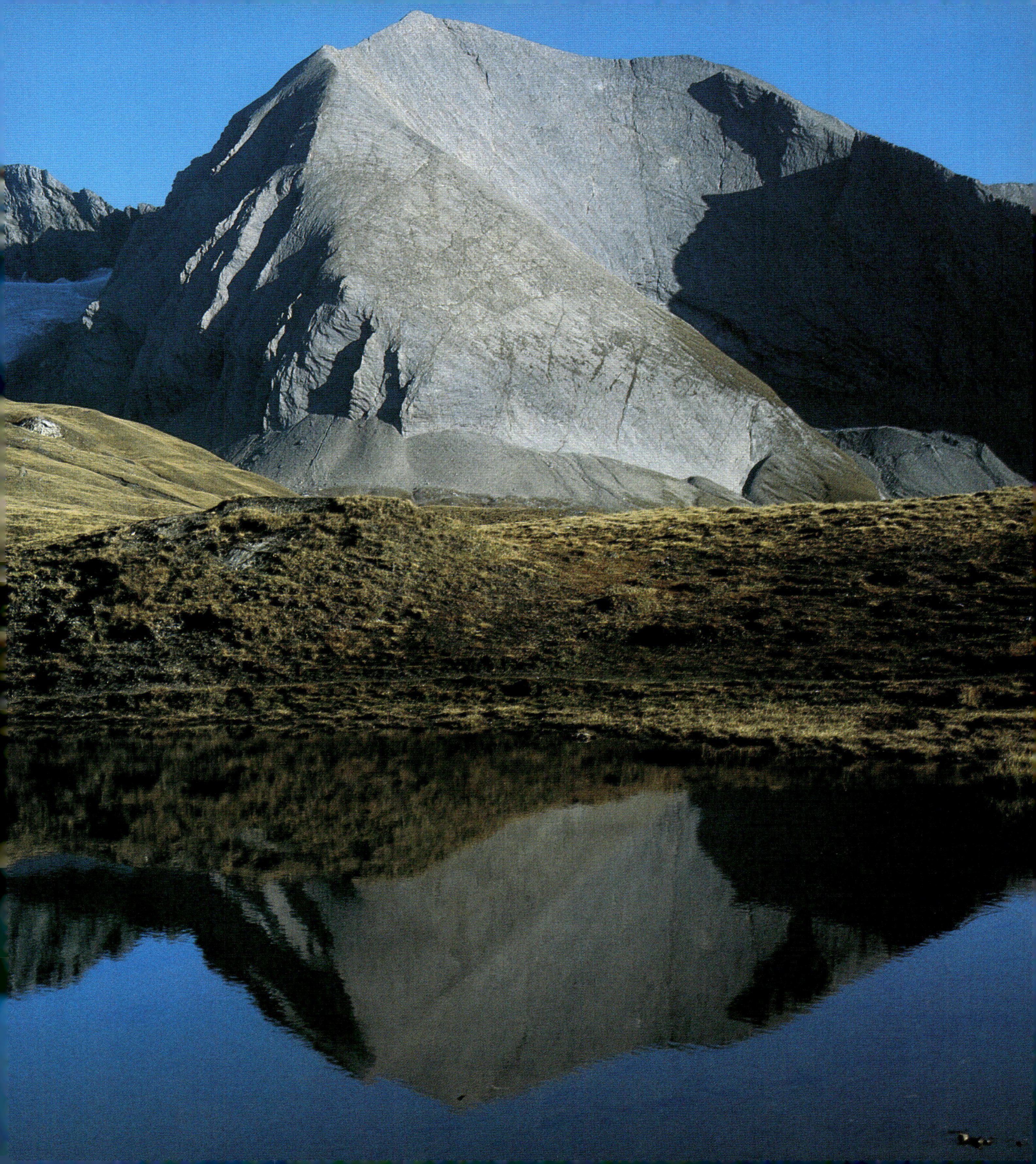

In das Kalser Dorfer Tal: zu den Bergseen auf sonnhellen Plätzen der Nationalparkregion

Schmal und abenteuerlich ist der Weg durch die romantische Daberklamm in das Dorfer Tal, das Almental für fast 30 % der Kalser Bergbauern mit über 30 Almhütten und mehr als 200 Rindern, die jährlich aufgetrieben werden. In 2 Stunden kann jedermann leicht das Tauernhaus, 1755 m, erreichen und mit 1 Stunde zusätzlich den herrlichen, 511 m langen **Dorfer See**, 1935 m, 7,6 ha groß, 9,5 m tief und spröd mit Felstrümmern umbaut, die den See hart rahmen. Ein gewaltiger Bergsturz hat ihn aufgestaut, während das lange Trogtal vom Gletscher ausgerundet wurde. Der Hauptzufluß vom Norden schiebt einen breiten Sedimentfächer in den See hinein und bedeckt damit fast ein Drittel des sandigen Grundes. Im Talschluß und auf der anderen Seite der Hohen Tauern liegt der **Weißsee**, 2250 m, ein Stausee, mit, durch die schwankende Wasserspiegelhöhe, veränderbarem Anblick. Unberührt davon und abseits hat sich der **Schwarzsee**, 2602 m (Seite 38), einen sehr sonnigen Platz ausgesucht.

◁   Als schmale Felskerbe ist der Kalser Tauern oberhalb des **Dorfer Sees** deutlich sichtbar, dagegen ist der Abfluß des Dorfer Sees voller Heimlichkeiten, er verliert sich im groben Blockwerk und tritt erst nach ca. 400 m endgültig an die Oberfläche. Den Besucher des Dorfer Sees überrascht eine märchenhafte Landschaft, die mit den Schattendächern der Lärchen nah dem Kalser Tauernhaus und den bunten Zwergstrauchheiden im Schlußanstieg mehr als nur Relikte der Waldzone und Almstufe aufzeigt. Bemerkenswert ist, daß die älteste Erwähnung des Dorfer Sees erst in der Karte von Peter Anich aufscheint.

△ Der **Weißsee**, ein Stausee, 2250 m, jenseits des Kalser Tauern, 2518 m, und mit dem historischen und heute noch bedeutsamen Steig zum Kalser Tauernhaus verbunden. Vom bekannten Glocknerdorf Kals sind es 5 Stunden bis zum Alpinzentrum Rudolfshütte am Weißsee, einer alpinen Ausbildungsstätte des Österreichischen Alpenvereins.

Hell und silbern wie die Eisfelder des Kastengrates erstrahlt der ungefähr 1,5 ha große **Schwarzsee**, 2602 m, hoch im Schoß der Aderspitze und 667 m über dem Dorfer See. Gegenüber ragt der Großglockner empor, ein Dom mit Langschiff, zur stummen Kulisse erhoben. In die Einsamkeit des Schwarzsees führt ein Kehrensteig, der beim Kalser Tauernhaus beginnt und dem polternden Stotzbach zur Seite steil bergan strebt. Wenn dieser Wildbach dagegen nur noch flüstert, haben wir die weitgerundeten Rücken und sanft gewellten Hügel am Stotzboden erreicht. Dem schon vertrauten Bach bleiben wir im weiteren Aufstieg nahe, bis noch deutlich über dem Silesia-Höhenweg und nach fast 3 Stunden der mit tausend Lichtperlen funkelnde Schwarzsee einen unvergeßlichen Anblick schenkt.

Der im Widerschein der Gletscherfirne ausgebreitete **Schwarzsee**, *2602 m, im Kalser Dorfer Tal ist einer der sieben Namensgleichen in Osttirol. Sie ähneln einander nur durch die ihnen innewohnende Ruhe und einem Licht, das beim Schwarzsee im Südkar der Aderspitze den Eisbergen und dem Himmel mit Silberglanz entgegenströmt.*

Bergseen im Tauerntal und in der westlichen Granatspitzgruppe

Die Marktgemeinde Matrei in Osttirol dehnt sich mit allen Schönheiten des Tales infolge unterschiedlicher Höhenstufen über Wälder, Almzonen und hochalpine Regionen bis zum Eisgipfel des Großvenedigers aus. Als Tirols zweitgrößte Landgemeinde umfaßt Matrei einen Teil des mittleren Iseltales sowie das gesamte Entwässerungsgebiet des Tauern-, Froßnitz- und Landecktales. Zu dem gemeindeumgrenzenden Berggebiet zählen die vielbesuchte Granatspitzgruppe, die sich als langschenkeliger felsiger Keil zwischen Kalser und Tauerntal streckt, und der ostseitige Bereich der teilweise stark vergletscherten Venedigergruppe.

Mit 15 Hochgebirgsseen weist Matrei den in Osttirol größten Anteil auf und liegt damit (laut Tiroler Gewässerverzeichnis) unter den 63 „seebesitzenden" Tiroler Gemeinden an zweiter Stelle. Nur die Gemeinde St. Anton am Arlberg verfügt mit 17 Hochgebirgsseen über eine größere Anzahl.

Matrei ist deshalb ein bedeutender Ausgangspunkt für Wanderungen zu eindrucksvollen Bergseen. Allein schon der Große Zunig vermag den vielen Besuchern auf all seinen auslaufenden Flanken in Beschaffenheit und Aussehen unterschiedliche Seen anzubieten. Ein nur geringes Maß an Zeit und Kraft fordert der Goldriedsee, ca. 2300 m, in der Westflanke des Rotenkogels, 2762 m. In der gegen Matrei und das Virgental weit offenen Bucht liegt das von Lift- und Schitrassen erschlossene Goldried. Moderne Seilbahnen überbrücken die Höhe bis zur Bergstation, wo der vielbeachtete Europa-Panoramaweg in 1 Stunde zum Kals-Matreier-Törlhaus leitet. Von diesem bekannten Weg zweigt der alte Steig zum kleinen, etwas angestauten, von wenigen Saiblingen bewohnten Goldriedsee ab.

*Der **Goldriedsee**, ca. 2300 m, belebt das bekannte Wandergebiet auf der „Landen". Er duckt sich in einer stillen Nische und nah einer gehüteten Quelle und duldet Kümmerformen von Seesaiblingen. Fern leuchten die weißen Gletscherberge des Virgentales mit den Quellstuben der Isel.*

*Die **Sudetendeutsche Hütte**, 2658 m, im Vorfeld der Muntanitzberge und 4 bis 5 Stunden oberhalb der Felbertauernstraße. Der Obere Steiner Wasserfall beherrscht den Aufstieg zum Weiler Stein. In weiterer Folge wechseln Lärchenwiesen und Fichtenhaine mit Licht und Schatten bis zur Äußeren Steiner Alm, 1909 m. Ein großes Stockwerk höher liegt im Rücken der Hütte und an der Schwelle einer sehenswerten Gebirgslandschaft, mit den Grund- und Seitenmoränen des Gradetzkeeses, der kleine, etwas aufgestaute Tümpel, genährt vom Quellwasser der Wellachköpfe.*

Das Landecktal – Einsamkeiten abseits der Touristenstraße

Der für Anrainer verbreitete Almweg in das Landecktal zweigt 5 km vor dem Tunnelsüdportal von der Felbertauernstraße ab. In weiten Schleifen bahnt sich der Weg zur Landeckalm, 1713 m. Durch die grüne lärchenumstellte Talverebnung mühlos und über blockbeladene Geländestufen immer noch ohne besondere Anstrengung dringt man ins Tal weiter vor, das ohne das abgeleitete Wasser stumm und seelenlos ist. Erst von der Bachfassung aufwärts kehren Leben und Ursprünglichkeit zurück, mit stets sich erneuernden Einblicken und besonderen Eindrücken dort, wo nach 3 Stunden beim mit 1,7 ha ausgebreitetem **Schändlasee**, 2371 m, das Landecktal schwermütig und wie aus einer anderen Welt erscheint. Eine halbe Stunde höher steht, von Moränen umschlossen, die unbewohnte Karl-Fürst-Hütte nahe der Landeckscharte.

Beim See, 2279 m, in einem hochgelegenen Bergtrog des Landecktales hat ebenso der Eingriff der Menschen das Landschaftsbild sichtbar verändert. Die flinken Bäche vom Bären- und Luckenkogel stauen sich hinter dem geradlinigen Wehr, mit dem Befehl, den riesigen Tauernmoossee jenseits der Hohen Tauern zu speisen. Dort, wo im Landecktal die Almverebnung bei der ersten Talstufe endet, lenkt rechts ein Trittsteig den Berghang ca. 500 Höhenmeter und in insgesamt 3½ Stunden zum Seetörl empor. Dahinter streckt sich, zwischen grünen Kuppen und braunen Felsschliffen, lang und aufgestaut das 2,5 ha große Wasser, in dem sich der Glockenkogel und die Turmreihe der Wilden Mander spiegeln. In dem von bunten Erinnerungen belebten und wenig bekannten Bergraum wecken weithin riesige Gletscherschliffe das Staunen und die Schaulust gleichermaßen. Bis nah an den See erstrecken sich die erstarrten Rundrücken aus längst vergangenen Eiszeiten, während die Berge fern und gegenüber weiße Schärpen tragen, und stolze Namen, wenn sie aus dem Bunde der Venedigergruppe grüßen.

◁ *Beim See, 2279 m, werden die gewundenen, einst sich durch seichte Hochtaltümpel schlängelnden Bacharme von einer geradlinigen, starren Mauer aufgehalten. Der dadurch vergrößerte, der Landschaft gut angepaßte See wird durch Überleitung zum Tauernmoossee im Norden der Berge energiewirtschaftlich genutzt.*

▷ *Das vor langen Zeiten sehr klare Wasser und die scharfen Ufer des **Schändlasees**, 2371 m, „verpuppen" zu einer schwermütigen Moorlandschaft mit nicht minder reizvollem Anblick.*

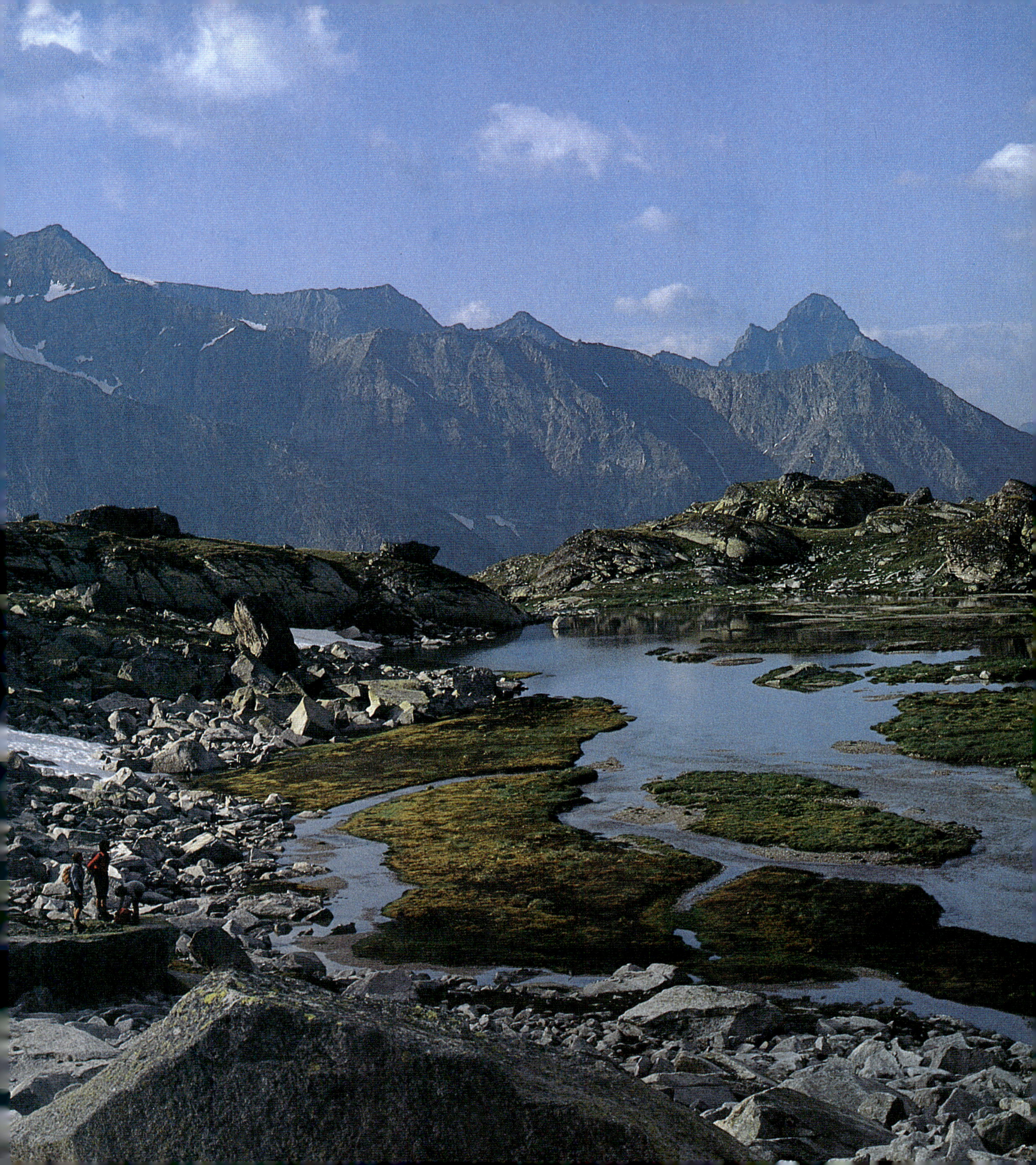

Helles Eis am Dabersee – finstere Schatten am Klockenkogel

Der Felbertauern, 2481 m, scheidet den St. Pöltener Höhenweg in einen West- und Ostabschnitt. Die jeweils durch den vollen Tag führenden, hochalpinen Strecken berühren mit dem Westteil die Venediger-, mit dem Ostteil die Granatspitzgruppe. Die „Königsetappe", der Dreiseenweg (Seite 45), reicht mit landschaftlichen Vorzügen von der Grünseehütte bis hinauf zum Felbertauern. Diesem beliebten und viel beachteten Wegstück steht der von der Grünseehütte ostwärts verlaufende, einstündige Abschnitt zum **Dabersee** herb und einsam gegenüber. In der Abgeschiedenheit beim 5 ha messenden Dabersee, 2424 m, verzweigt der St. Pöltener Ostweg: Die leichtere Route führt zum Seeabfluß und über die Wilde Manderscharte zur kleinen, unbewirtschafteten Karl-Fürst-Hütte ins Landecktal, die anspruchsvollere über die schwierigere, mit einem Stahlseil gesicherte Donabaumscharte auch dorthin.

*Mit der ersten Eislegung im September, inmitten mehlweißer Bergflanken, nimmt der **Dabersee**, 2481m, Abschied vom Sommer.*

Der Dreiseenweg, die „Königsetappe" am St. Pöltener Ostweg: wo sich namhafte Eis- und Felsgipfel in herrlichen Bergseen spiegeln

Der Name verrät es. Drei Seen auf einem Teilbereich des St. Pöltener Ostweges: der **Grüne, Schwarze** und der **Graue See** (Seiten 46 bis 49), die gestaffelt im Ostgehänge des Meßelingkogels und zu Füßen des Hochgassers, 2922 m, als bevorzugte Wanderziele gelten. Die in diesem Abschnitt vorgestellten Seen, die meist blau wie der Himmel sind, weisen bei entsprechender Stimmung eine ganz individuelle Verfärbung auf. Neben anderem bedingen dies die Beschaffenheit des Untergrundes, die Wassertiefe, die Zu- und Abflußverhältnisse sowie der Sonnenstand und -einfallswinkel. Unterirdische Zuflüsse verhelfen zu einem klareren Wasser. Für die Qualität der Vegetation sind die Höhenlage und die Ergiebigkeit der Verlandungszonen mit entscheidend: ein Bewuchs, der mit den alljährlich auftretenden, anspruchslosen, balligen Blütenköpfen des Wollgrases einen seiner Höhepunkte erfährt.

Das Matreier Tauernhaus, 1512 m, an der Basis dieses Gebietsteiles am Alpenhauptkamm, ist einer der Ausgangspunkte des Dreiseenweges. Im Sommer bietet sich hilfreich der Venedigerblick-Sessellift an, sodaß sich der Aufstieg zur Grünseehütte, 2235 m, auf gut markiertem Steig auf 1 Stunde verkürzt. Noch sind die Spuren vom alten Tauernweg, vom beschwerlichen Saumpfad zum Felbertauern, im Gelände ablesbar, und es mutete nostalgisch an, als vor einigen Jahren eine „Säumergesellschaft" in althergebrachter Aufmachung und Austattung den seinerzeit mindestens 2 Tage währenden Paßgang mit Viehherden und wichtigem Handelsgut nachzuvollziehen versuchte. Das neben der St. Pöltener Hütte auf einem Gletscherschliff eingerammte, metallschwere Tauernkreuz erzählt aus verflogenen Zeiten, von den Salzlasten, die von Mittersill mit der beschwerlichen Etappe über den Tauern bis zum Tauernwirt auf der Südseite der Berge wechselten, von den Handwerkern und „Jätergitschen", Frauen und Mädchen, die im Pinzgau Arbeit auf Äckern und in Bürgerhäusern suchten. Bescheidenen Verdienst sicherten vor allem die Kaufmannszüge, deren Pferde mit italienischen Weinen, Erz, mit Schmuck und Gewürzwaren beladen waren. Ortskundiges, kräftiges Begleitpersonal war da immer gefragt. Heute ziehen, leichtfüßig und nur mit dem allernotwendigsten Gepäck aufgebürdet, Touristen und Bergsteiger am Dreiseenweg aufwärts, und in weniger als 5 Stunden (ohne Liftbenützung) steht die Tür der St. Pöltener Hütte gastfreundlich offen. Aus einem lebensnotwendigen, gefahrvollen Paßgang ist eine beschauliche, Geist und Gemüt reinigende Wanderung geworden, die Jahr für Jahr Ungezählte auf den landschaftlich schönsten Teil des St. Pöltener Ostweges, auf den Abschnitt Dreiseenweg ruft. Er verdient das Prädikat, ein für Jung und Alt besonders geeigneter seenkundlicher Wanderweg zu sein. Im Grünen See, dem ersten, spiegeln sich hell durchlichtet die gläsernen Eisriesen, die Frontseite der Venedigergruppe, während er bergseitig längst verlandet ist. Ertränkte vielkantige Gesteinstrümmer ruhen dort im Schlick, Wollgras, aufgeblähte Fähnchen, stehen im durchspülten Sand und windgeborene Gräser am Ufer. Ein Wasserfall drängt brausend näher, der Bach aus den Flanken des Hochgassers, der um angenagte Blöcke pendelt und flink von einem zum anderen See hetzt, der den Felshang reibt und am Salz der schwarzen Steine leckt. Die abtragende Kraft des Wassers schneidet sich formend in die Landschaft ein, Wasserfäden, die in haarfeinen Felsspältchen üben, in Ritzen und Fugen eindringen, sich sammeln, bis der Bach ungebremst, herrlich und frei die Bergseen angreift, sie nährt und stillt. Als zweiter reiht sich der Schwarze See ein, umgeben von kurzgeschorenen Rasenköpfen und rötlich kupfernen Gesteinsbänken, mit schmalen Rostbändern am Grunde und einer verirrten Blütenpflanzengesellschaft in einer steil umstellten Nische. Der Graue See als dritter am Dreiseenweg und knapp unterhalb der Meßelingscharte wird von Bächen am geringsten durchströmt, das Einzugsgebiet ist kleiner und periodische Wasseradern werden nur nach einem ergiebigen Regen tätig. Neu ist das Ansinnen eines Bergfreundes, den felsumbauten, östlich vom Grauen See versteckten vierten See als „Blauen See" in den Bund der bisher genannten aufzunehmen. Gemeint ist der kaum beachtete **Hochgassersee**, 2543 m, 0,8 ha groß.

Eine farbenprächtige Ergänzung bilden noch drei Bergseen jenseits des Felbertauern: der Obersee, der Langsee und der Plattsee, der mit seinen Brüdern nördlich in das Felbertal entwässert.

Blühende Gärten und schimmernde Eisgipfel umgeben den romantischen **Grünen See**, 2246 m. Ihn versorgen zwei kräftige Zuflüsse. So weitet er sich zum 2,5 ha großen, 3,5 m tiefen und 320 m langen, durch Lockermaterial stark verfüllten Felsbeckensee. Er bietet dem Meßelingbach die dritte Ruhestation an, ehe dieser durch Schluchten und über Steilfels zum Matreier Tauernhaus hinabstürzt. Der Dreiseenweg (Seite 45) führt am Grünen See, in weiterer Folge am Schwarzen und Grauen See vorbei und erreicht über die Meßelingscharte die St. Pöltener Hütte am Felbertauern, den immer schon eisfreien, bereits von den Römern benutzten Alpenübergang.

▷ *Licht und Feuer hißt der Morgen auf den Venedigergipfeln und allmählich streift auch der **Grüne See** seinen nachtdunklen Mantel ab. Die ineinander verzahnten Eisberge verheißen einen glanzvollen Tag, der sich auch im Grünen See widerspiegelt.*

▽ *Eis, Wasser und ein blühendes Feld: ein kleines Paradies in der Verlandungszone des **Grünen Sees**, mit einem wärmenden Himmel voll Sonne und Sommer für eine der besten Stunden des Lebens.*

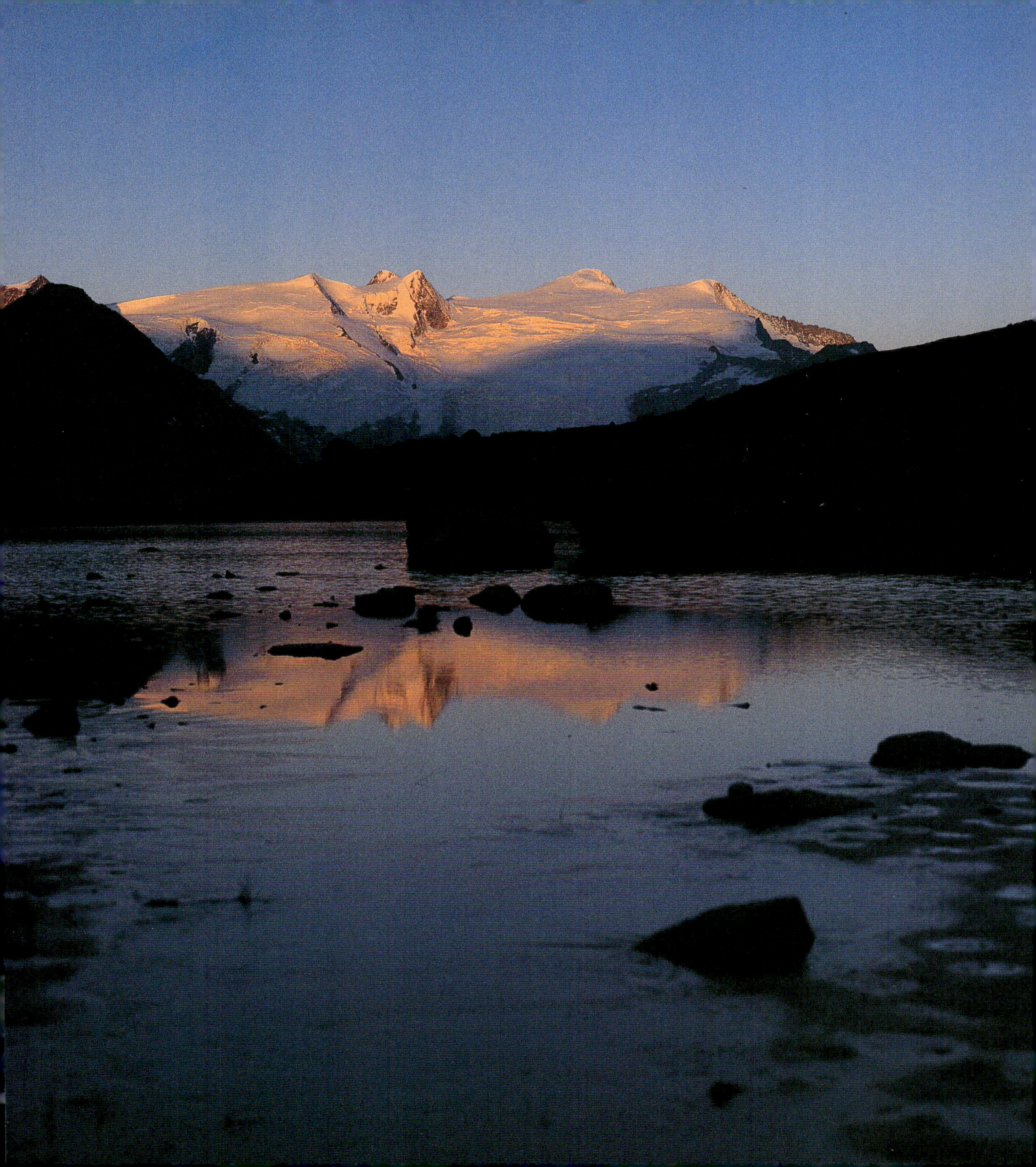

Die schönsten Eindrücke vermittelt der Dreiseenweg mit den Stationen beim Grünen See, 2246 m, unweit der Grünseehütte, sowie beim Schwarzen See, 2344 m, und Grauen See, 2500 m.
Zwischen Morgenschatten und Sonnseithang breitet sich der Schwarze See 1,5 ha groß und 11,5 m tief aus. Mit dem unerschöpflichen Zufluß aus dem Bereich der Meßelingscharte sammelt sich in großen Mengen reines und kostbares Trinkwasser, das in weiten Teilen der Welt und auch in einigen Gebieten Österreichs rar geworden ist.
Der **Graue See** erwartet uns noch vor der Meßelingscharte, dem Übergang zur St. Pöltener Hütte am Felbertauern. Der Dreiseenweg führt links und bogig am Grauen See, einem 1 ha großen, 3 m tiefen und 170 m langen Karsee mit zwei Oberflächenzuflüssen, vorbei. Fern und pyramidal aufragend, erhebt sich der Nussingkogel, der steinerne Wächter des Tauerntales mit der Felbertauernstraße.

▷ *Der **Graue See**, 2500 m, in der Farbe des Himmels prachtvoll und festlich gestimmt. Er lädt zur Wanderung ein, zum Aufstieg über den Taldunst, der Sonne am Mittag und der einsamen St. Pöltener Hütte, 2481 m, entgegen.*

▽ *Der **Schwarze See**, 2344 m, im Samt der weichen Rasenböden freundlich umblüht und zweite Station der ansprechenden Wanderung am Dreiseenweg (Seite 45).*

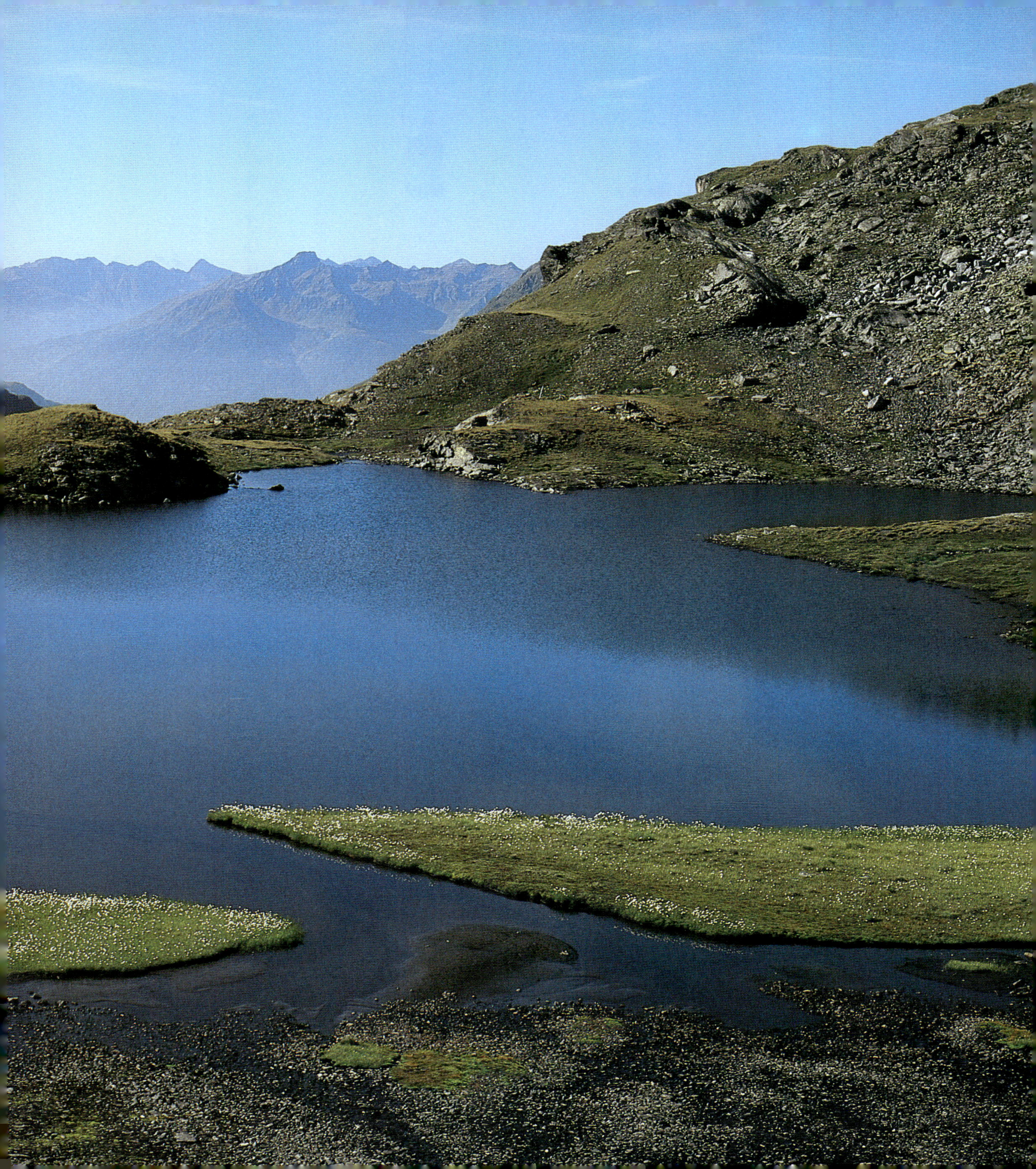

Die Venedigergruppe – die eisige Mitte der Hohen Tauern

Von der Felbertauernstraße zweigt die Zufahrt zum Matreier Tauernhaus, 1512 m, einem bekannten Touristentreff ab. Dort setzt bei der Kapelle zum hl. Bartholomäus der einstündige, für den privaten Verkehr gesperrte Weg in das Almdorf Außergschlöß, 1695 m, an. Ein halbes Jahrtausend alt sind die aus Lärchenstämmen gezimmerten Hütten und in jenes helle Licht getaucht, das die mit Eis und Schnee geharnischten Venedigergipfel und das 9 km² große Schlatenkees an Schönwettertagen aussenden. Der Name Schlaten ist slawischen Ursprungs und bedeutet soviel wie Goldfundstätte. Zu diesen vermeintlichen Reichtümern führt der vom Österreichischen Alpenverein erbaute Gletscherweg, ein Lehrpfad, beginnend bei der Felskapelle zu Mariä Geburt, zwischen den Almdörfern Außer- und Innergschlöß. Legenden ranken um dieses Heiligtum und führen in die Bauzeit um 1688 zurück und in Zeiten, in denen die Kapelle zweimal von Lawinen zerstört wurde. Erst im Schutz einer Felsenhöhle war ihr Beständigkeit gegeben, inmitten zyklopischer Blöcke, dort, wo das Gschlößtal im Widerschein der Eislichter seine ganze Pracht entfaltet.

Das Almdorf Innergschlöß, 1991 m, reiht seine Hütten beiderseits des Gschlößbaches, der gesittet und begradigt durch die weite Almverebnung rinnt. Erst im Talschluß, am Felssockel der Venedigerberge, gebärdet er sich wild und in seinem Element. Ein Schauspiel bietet der mit schäumender Gischt in einer dunklen Felsschlucht tobende Schlatenfall. Dort führt der Gletscherweg vorbei und erreicht erst nach insgesamt 2 Stunden die liebliche Landschaft am Salzboden mit dem, im Grün des Sommers gelegenen **Salzbodensee**, 2137 m, und ein Stockwerk höher ist das **Auge Gottes**, ca. 2150 m, ein gefühlvoller Kontrast zum eisigen Pulk der Venedigergipfel. Mehrere tausend Jahre alt ist die pelzig verwachsene Moräne, die das Auge Gottes hält und über deren Scheitel der Gletscherweg-Innergschlöß führt. Hier übersteigt der Lehrpfad bei einem wuchtigen Steinmann den 1850er Moränenkamm und betritt das glatte Felsparkett im Vorfeld des Schlatenkeeses, dessen Ursprung hoch über den zerklüfteten Eisstufen am Gipfelplateau der Venedigerberge liegt. Damals zählte das Schlatenkees zu den imposantesten Gletschern der Venedigergruppe und berührte mit der Eiszunge den Gschlößboden. Diesen wildschönen Talschluß haben auch bedeutende Landschaftsmaler damaliger Zeit überzeugend festgehalten.

Der markierte Gletscherweg-Innergschlöß sucht die schönsten Stellen im Bereich des Gletschertores und am Grundmoränenfels, der in den Farben des Regenbogens schillert. Auf der nördlichen Seite des Schlatenkeeses bindet die Route in den 1882 erbauten Prager Hüttenweg ein und führt am „Prager" Eissee (Seite 53) vorbei zur Neuen Prager Hütte, 2796 m, dem idealen Ausgangspunkt für eine Venedigerbesteigung über das spaltenreiche Schlatenkees. Diese Route wird auch als Schitour gerne genützt. Mit dem Abstieg zurück ins Gschlöß schließt eine fünf- bis sechsstündige, erlebnisreiche Rundtour mit traumschönen Einblicken in die Welt der Gletscher, in deren „Arbeitsweise" und auf ihr Werk, dort, wo sie den Bergraum wieder freigegeben haben.

*Der wegen seiner dreieckigen Form und der einem Augapfel gleichenden Wollgrasinsel auch **Auge Gottes**, ca. 2150 m, genannte Tümpel am Salzboden kennt als Kleinod in den Hohen Tauern wenig Vergleichbares und Gegensätzliches in seiner zierlichen Wehrlosigkeit neben dem mit Maß und Gewicht strotzenden Hochgebirge. Ein vertrauter und liebgewonnener Rastplatz am Gletscherweg-Innergschlöß, der all seine Verschiedenheiten, Kultur, Flora und Fauna in ausgezeichneter Weise und großartiger Übersicht offenbart. Ein steiniger Pfad durch eine geduldige Natur und einen herrlichen Tag.*

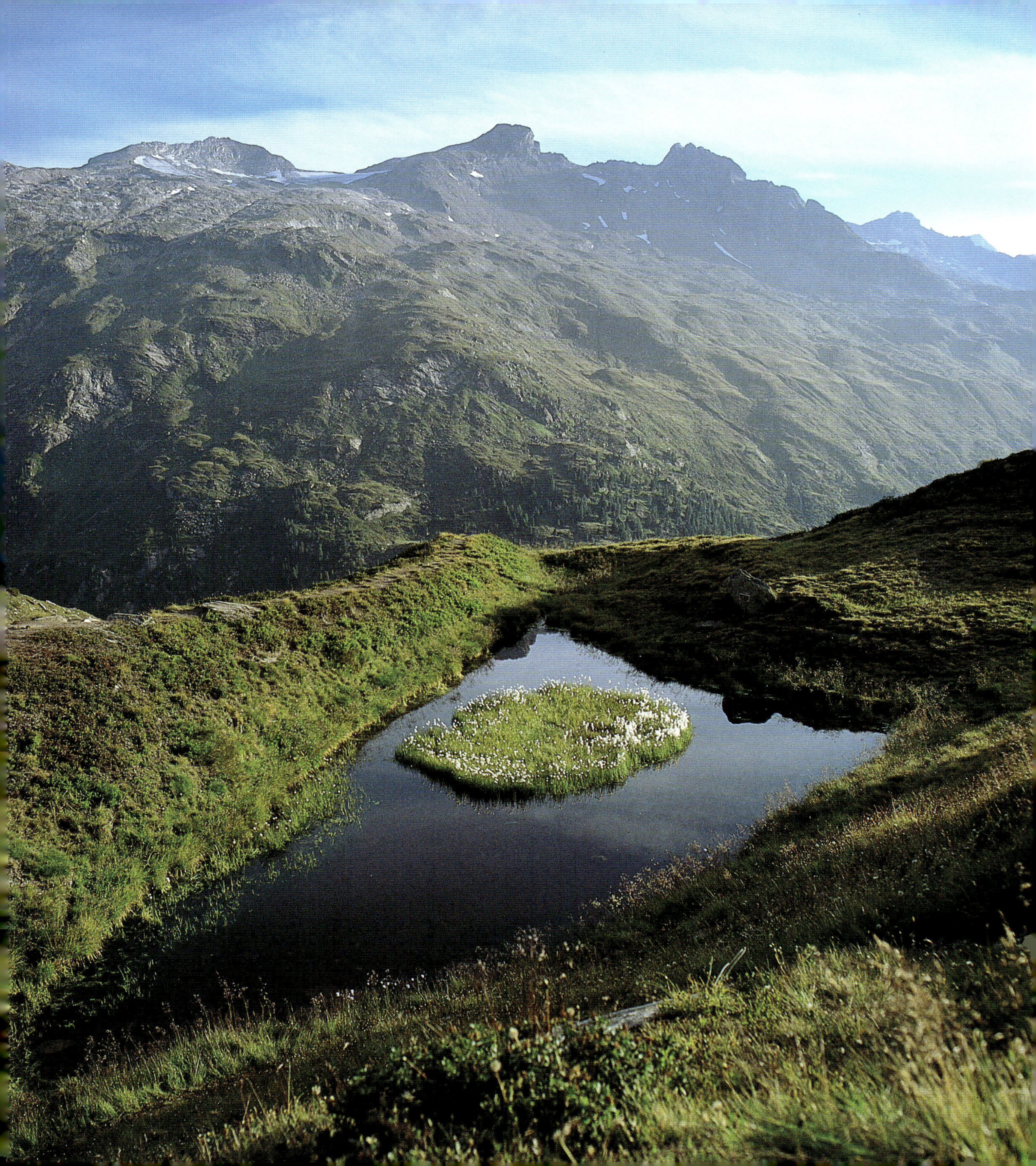

Stationen innerer Einkehr – Bergseen am Gletscherweg-Innergschlöß

Vom Matreier Tauernhaus, 1512 m, dessen Geschichte bis in das Mittelalter zurückreicht und von einer „Gastschweige unterm Tauern" erzählt, führt ein Fahrweg, der nur für Taxi und Pferdekutschen zulässig ist, zu den uralten Almdörfern Außer- und Innergschlöß, 1691 m. Abseits des breiten Weges verbindet am gegenüberliegenden Ufer des Gschlößbaches der romantische Tauerntal-Wanderweg die vom deutlich hörbar schäumenden Wasser geprägte Strecke zwischen Matreier Tauernhaus und den Gschlößalmen. Seit aus diesem Bereich der meist überfüllte Parkplatz verbannt worden ist, hat die stimmungsvolle Landschaft viel dazugewonnen, und auch die blühfreudigen Wiesen wirken befreit und entlastet. Darüber leuchtet die majestätische Gletscherwelt im aufrötenden Morgen. Die lichtgebadeten Eisfelder des Schlatenkeeses werfen Glanz und Farbe bis auf den Gschlößboden. Wo sich am westlichen Ende der Gschlößalmen die Talstation der Materialseilbahn zu den Prager Hütten im Erlengestrüpp versteckt und der wühlende Villtragenbach am Gschlößboden ruhig ausläuft, setzt der Prager Hüttensteig mit vielen Kehren an. Der Aufstieg währt 3 bis 4 Stunden, wobei man mit jedem Schritt an alte und vergängliche Geschichten stößt. Neben der Sicht auf die gleißende Gletscherwelt ist der **„Prager" Eissee**, 2651 m, einer der Höhepunkte. Hier ist die Rast und die Stunde gut. Eisberge spiegeln im lichtvollen Wasser mit feenhafter weißer Gewandung und aufgesteckten feinen Wolkenschleiern. Eisberge, glanzvoll und harschig miteinander verschmolzen, zittern im Wasser, wenn der Wind es anspricht, vertraulich mit ihm flüstert, bis darin die Berge wie durch behauchtes Fensterglas zu schauen sind.

◁ *Tümpel und malerische Seen am Salzboden. Mit der Glut des Morgens beeinflussen sie in besonderer Weise einen der schönsten Talschlüsse der Ostalpen.*

▷ *Wo, mit der Schwarzen Wand, 3511 m, und dem zur Linken, mit Eisgraten flach abgedachten Hohen Zaun, zwei blinkende Zacken der Venedigereiskrone sich freistellen und ihre Morgenwäsche im* **„Prager" Eissee**, *2651 m, verrichten, führt der Hüttenweg vorbei zur Neuen Prager Hütte, 2796 m, ins Vorfeld dieser Gipfel. Sie zu überschreiten heißt eine der großartigsten, eindrucksvollsten Gletscherrouten zum Großvenediger zu wagen.*

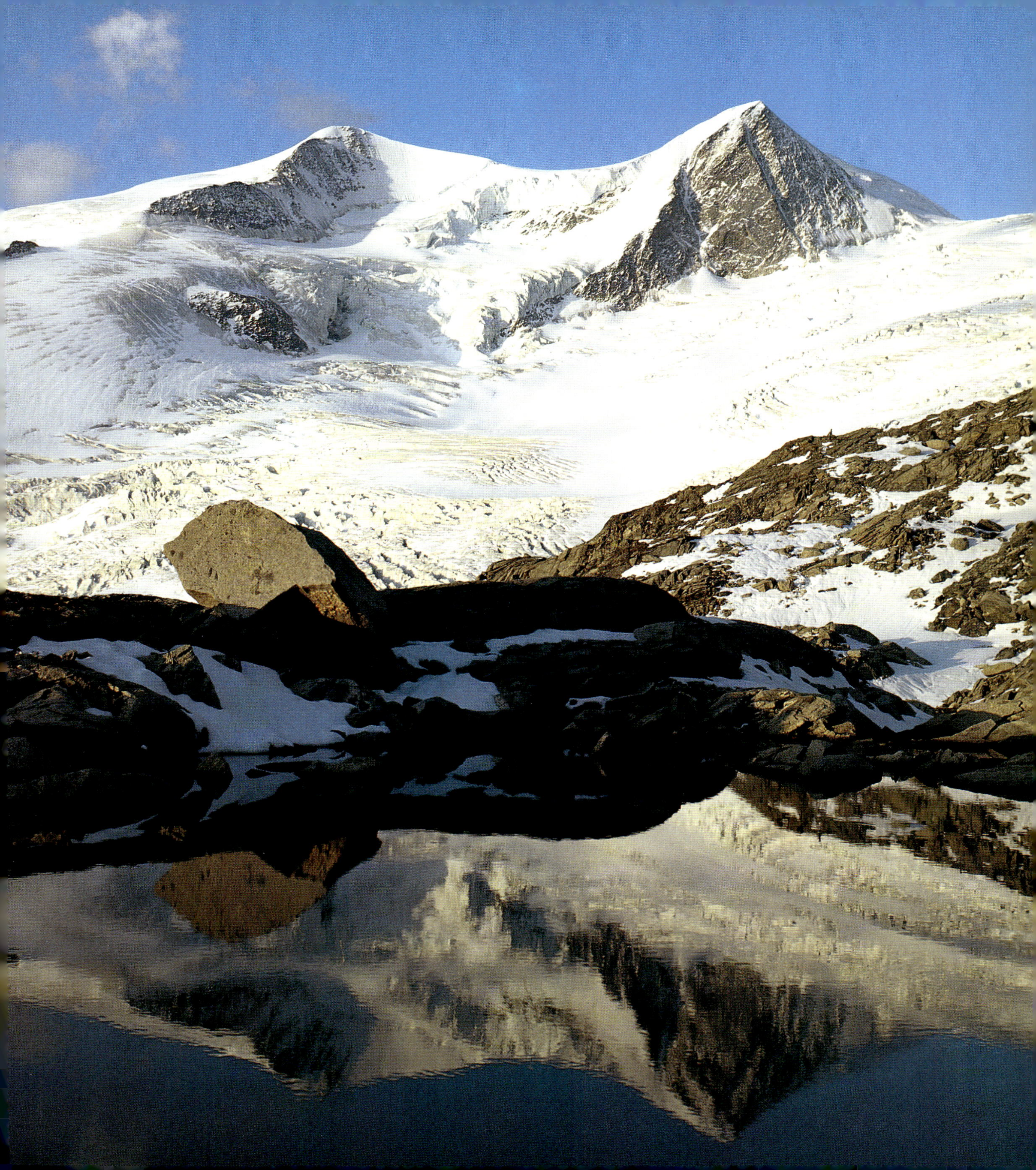

Am St. Pöltener Westweg in die verwegene Einsamkeit kaum bekannter Hochgebirgsseen

Auf der sonnhellen Seite des Alpenhauptkammes führt, durchschnittlich 2500 m hoch, der St. Pöltener Westweg. Er verläßt die gleichnamige Hütte am Felbertauern und nähert sich der Zone streßgeprägter Pioniervegetation, den zähen Blütenpölstern, Gräsern, Flechten und Moosen auf harten Moränenböden und grauen Karen. Wenn nach 1 Stunde das Südgrat des Fechtebenkogels umschritten ist, dann führt ein Abstecher empor in ein weit ausgerundetes Blockkar zum ca. 300 m langen und 3 ha großen **Dichtensee**, 2461 m, während der eigenartige **Keespöllachsee**, 2189 m, der unterhalb des St. Pöltener Westweges haust, erst später entdeckt wird. Wo die Venedigergipfel am glanzvollsten unter der Sonne am Mittag leuchten und etwa 4 Stunden am Westweg hinter uns liegen, ist die Rast bei der ärmlichen Lacke, beim **Zeigerpalfen**, mehr als verdient, ehe wir, den Kesselkopf auf einem Pfad umschreitend, einige Stunden später die Alte und ein Stockwerk höher die Neue Prager Hütte, 2489 m, als willkommenen Aufenthalt wählen.

*Den halbrunden **Keespöllachsee**, 2189 m, hält eine Endmoräne gefangen, und geheimnisvoll wirken seine ihn nährenden Bäche und entweichenden Wasserfälle.*

*Osttirols nördlichster Bergsee: Nah dem Alpenhauptkamm verbirgt sich der graublaue **Dichtensee**, 2461 m, in einer Ursprünglichkeit, in der die Landschaft steiniger und härter ist.*

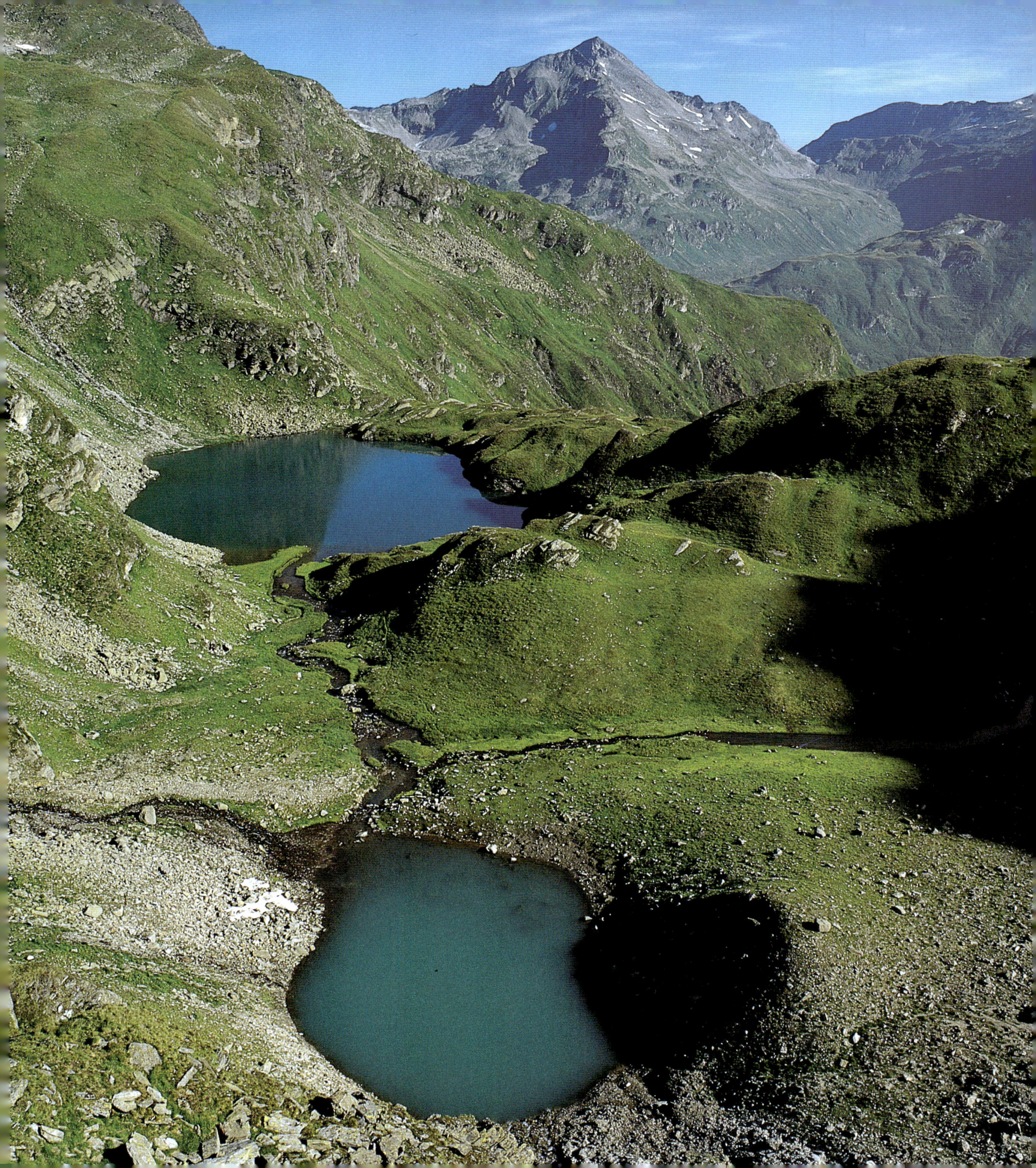

Die schönsten Geheimnisse des Wildenkogels

Mit breiten Schultern und einem halben Dutzend vorgelagerter, knopfiger Felsgipfel beherrscht der Wildenkogel, 3022 m, die Westfront des Tauerntales im Bereich des Matreier Tauernhauses. Der Gipfelbesuch kann sich auf 5 bis 6 Stunden ausdehnen, zu einer kraftraubenden, aber auch überaus lohnenden Tour, die durch eine kurze, mäßig schwierige Kletterstelle am gipfelnahen Südgrat kaum beeinträchtigt wird. Für ein so großes Bergabenteuer ist ein verläßliches Wetter Vorbedingung und jene Voraussetzung, die den herrlichen, tiefblauen Löbbensee, 2225 m, und den hochalpinen, grünausfärbenden Wildensee, 2514 m, in ein vorzügliches Licht rückt.

Das Matreier Tauernhaus ist der geeignete Ausgangspunkt zu den malerischen Seen und auf den Wildenkogel, von dessen Höhen es auch im Sommer oftmals schlohweiß in das Tal glänzt, wenn rauhe Westwinde und vergänglicher Schnee über die Grate und Gipfelfelsen jagen.

Schade, daß die einst von seltenen Blütenpflanzen reich umschwärmten Sumpfwiesen beim Matreier Tauernhaus entwässert wurden und damit die ursprüngliche Natur verlorengegangen ist. In ursprünglich gebliebene Zonen führt der Wildenkogelweg, vom Tauernhaus schattseitig empor zu den hellen Sprühschleiern des Löbbenfalls und in insgesamt 2 bis 3 Stunden zum azurblauen, 3 ha großen, 15 m tiefen, 243 m langen **Löbbensee**, an dessen Seite geschwisterlich nah und bergseitig noch ein grünfarbener, schuttumfriedeter Eissee eingehürdet liegt (Seite 55). Der **Wildensee**, 2514 m, liegt ein großes Stockwerk und 1 Stunde oberhalb des Löbbensees eingekesselt im östlichen Saum der Venedigergruppe, ein Gefangener bei Eiswasser vom Wildenkogel und hartem Lager im Haldenschutt des Schildkogels, 2826 m. Hier hat die Natur meisterhaft Regie geführt, eine herrliche Idee hervorgezaubert und all dies hilfreich mit den schwungvollen Linien der Fels- und Eisberge vollendet. Der Wildenkogelweg führt im weiten Bogen am 5 ha großen Felsbeckensee, der wie der tiefer gelegene Löbbensee beachtlich große Seesaiblinge birgt, vorbei. Über abschmelzende Eisreste des Wildenkogels, 3022 m, lenkt die Route zur noch fernen Badener Hütte im Froßnitztal, 2608 m, und in Gedanken tragen wir etwas von der kühlen Schönheit des Wildensees weiter mit uns.

◁ Der **Löbbensee**, 2225 m, blau wie das Firmament, das sich über diesem Bergwinkel, einer der Herzkammern der Venedigergruppe, wölbt, ein Vorhof zu den großartigen Eispalästen. Befreit von der Last der Gletscher ragt gegenüber, zwischen hochsitzenden Scharten, der Tauernkogel auf, Osttirols nördlichste Bergspitze.

▷ Der **Wildensee**, 2514 m, liegt als größter Hochgebirgssee im Osttiroler Gebietsteil der Venedigergruppe. Aus der Gipfelmitte der Granatspitzberge schauen der Große und Kleine Muntanitz zum Wildensee. Erst der späte Sommer bringt die Bereitschaft, den Wildensee vom Eis zu entblößen. Dann ruht das mattgrüne Bergauge sichtbar in einer selten schönen Urlandschaft. Kein Laut durchdringt den ruhigen Raum, und ein nur geringes Leben birgt das kalte, von Stein und Schnee umfaßte Wasser.

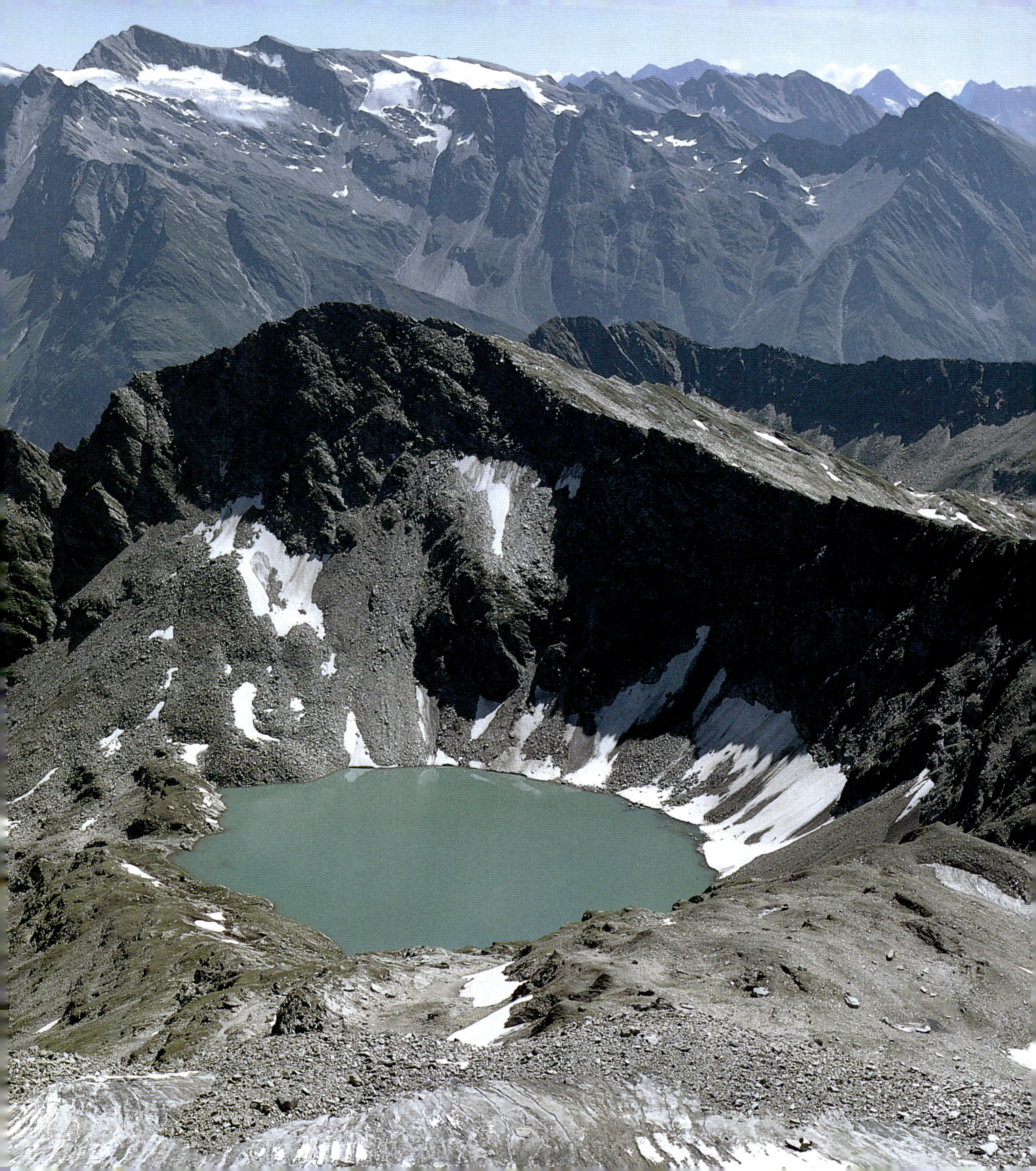

Eine dankbare Halbtagestour zum Raneburgsee

Die kleinen Fraktionen Gruben und Berg, 1273 m, im Tauerntal liegen schattseitig und abseits der in den Sonnseithang geschnittenen Felbertauernstraße. Berg ist der Ausgangspunkt zum 3 ha ausufernden, fischreichen und genau 1000 m höher gelegenen **Raneburgsee**, 2273 m, dessen Benennung bereits bei den Häusern der Rotte Raneburg nahe der Felbertauernstraße wurzelt. Hoch darüber ist die Raneburgalm, 1943 m, auf einer vorspringenden Hangkanzel sichtbar. Zum Raneburgsee fehlt noch 1 Stunde. Sind um die Alm die sauber und weitflächig gemähten Bergwiesen auffällig, so machen beim Raneburgsee die stark verästelten Zuflüsse und die im Sommer mit dichten Wollgraskolonien besiedelten, sich stets vergrößernden Verlandungszonen auf sich aufmerksam. Dem Raneburgsee gegenüber verrät das Bild unten den spitz und dunkel getürmten Glockenkogel und, das Prägratkees überragend, den Sonnblick und die eckig aufgefaltete Granatspitze, ein markanter und wesentlicher Bereich im Herzen der Granatspitzgruppe.

*Ein herrlicher Sommertag beim **Raneburgsee**, 2273 m, ist ein verlockendes Ziel. Blüteninseln und moosgrüne Verlandungszungen erobern zunehmend den See am sumpfigen und schmatzenden Boden der Westseite und verdrängen den Seebach, ein Wasser mit talwärts versummendem Ton. Hoch über dem See erhebt sich die Raneburgspitze, 2926 m, spröd, steil und dennoch schön.*

Kleine Seen in einem großen Tal

Vom Ortsteil Gruben, 1164 m, an der Felbertauernstraße führt der Weg steil und westwärts in das an der Mündung schluchtartige Froßnitztal. Von einer verwegenen Romantik ist die zweistündige Strecke zur Katalalpe, 1725 m, die um 1600 noch ganzjährig bewohnt war. Das Leben der Menschen stand damals, was Zähigkeit betrifft, dem der Wildtiere kaum nach. Der ins Tal weiter vordringende Weg durchmißt steil zum Bach sich neigende Bergflanken zur Mitteldorfer Alm. In der Talbiegung zur Zedlacheralm, 1846 m, weitet sich das Tal etwas, es grünt und blüht. Auf der nächsthöheren Talschwelle ist auch Platz für den glasklaren „**Löbbentümpel**", 2225 m, in den breit die Göriacher Röte eintaucht. Etwa 4 Stunden mißt der Weg zu diesem namentlich nicht sicher einzuordnenden Tümpel auf der sogenannten Achsel, mit der Einbindung des Venediger-Höhenweges, in Fortsetzung des Marsches zur schon deutlich näher gerückten, einsamen Badener Hütte.

△   Der „**Löbbentümpel**" ist ein geschätzter Rastplatz, an dem der lange Weg durch das Froßnitztal, hoch über der Zedlacher Alm, auf die sogenannte Achsel tritt. Aus dem Süden her kühlt die kantig vorspringende Göriacher Röte ihr Felshaupt im durchschimmernden Wasser.

▷   Der reine, kalte „**Badener See**", ca. 2650 m, am Rande des Froßnitzkeeses. Fern und schneegarniert begrenzt die Schobergruppe den hellen Horizont.

Geschichtsträchtige Almen und einsame Höhen am Knappenweg im Froßnitztal

Osttirols kleinstes, namentlich benanntes Bergauge findet man am Knappenweg, zwischen der Katalalpe und dem verfallenen Knappenhaus, weit oben auf den Sonnseithängen des Froßnitztales. **Bei der Lakke,** ca. 2160 m, kündet die Karte das zwei Schritte breite, umgrünte Wasser, das gerade als Pferdetränke groß genug und unentbehrlich ist. Mehrmals im Sommer wandert der „Große Tauerntreck" von Gruben in das Froßnitztal, ein Abenteuer mit Naturschönheiten und romantischen Almen, mit der Sehnsucht nach Höhe und mit den Lasten auf dem Rücken der Pferde. Bei der kleinen Lacke zieht der Troß unter bewährter Führung vorbei zum verfallenen, steingeschichteten Knappenhaus, 2516 m, an dem der erste Tourentag abschließt und das knisternde Lagerfeuer das Dunkel der Nacht zerreißt.

Die **Michlbachlacke**, ca. 2520 m, liegt fern und abseits im Froßnitztal. Ein breiter, steil und zwischendurch in Kehren angelegter Weg verbindet die Fraktion Gruben mit der Unteren und Oberen Katalalpe, 1789 m, der mit 2 Stunden erst der Einstimmung förderlich ist: beim Versuch, die 1 ha große, seichte Michlbachlacke, ca. 2520 m, unterhalb der Michlbachscharte, 2750 m, aufzusuchen. Dorthin unterstützt den Aufstieg ein anfänglich noch breiter Weg oder der Wiesenpfad dem Michlbach zur Seite in 3 Stunden durch das schlichte und breit ausgerundete Hochtal. Vor dem letzten Aufschwung zur Scharte haust ein launenhafter See, der jedes Frühjahr heiter und jung und mit dem gealterten Sommer müde und widerstandslos gegen das Austrocknen sein kann. Von diesem Schicksal betroffen sind vor allem Seen in südseitigen Hanglagen mit versiegenden Quellen und Zuflüssen während längerer Trockenperioden. Für den dem Besucher vorenthaltenen Glanz bei der Michlbachlacke entschädigt die nahe Raneburgspitze, 2926 m.

△ **Bei der Lacke**, ca. 2160 m, am historischen Knappenweg, führt der „Große Tauerntreck" an Osttirols kleinstem, mit einem Namen versehenen Wasser vorbei.

◁ Die tristen Tage der **Michlbachlacke**, ca. 2520 m, weit über der Unteren und Oberen Katalalpe. Der Zufluß aus einem Versteck der Raneburgspitze ist versiegt, öde und leer ist das Bett der Lacke, eingesickert und von der brennenden Sommersonne aufgesogen.

Aus dem Virgental zu den Sonnseitseen der Venedigergruppe

Zwischen das Virgen- und Tauerntal schiebt sich als mächtiger Keil die Virger Nordkette mit gehärteter Spitze, dem Hintereggkogel, 2638 m. Mit weithin sichtbar geklüfteten Flanken fällt er – in den Urgesteinszonen selten – durch besondere Steilheit auf.

Auf einer 1500 m hohen Eiszeitterrasse, auf Hinteregg, vergab der karge Boden den einst fünf Bergbauernfamilien eine nur dürftige Existenz. Diesen Entbehrungen hielten nur zwei Höfe stand. Auf der Südflanke des Hintereggkogels, die wesentlich flacher geprägt und mit Matrei durch eine Bergstraße verbunden ist, liegt mit dem malerischen Dorf Zedlach, 1260 m, eine der ältesten Siedlungen des hinteren Iseltales, bereits 1020 als „Cetulic" urkundlich erwähnt. Die bemerkenswerten Vorzüge des auf die Hälfte seiner ursprünglichen Größe geschrumpften Dorfes sind die herrliche Lage und Klimagunst. Eine knappe Gehstunde darüber breitet sich eine für Osttirol in dieser Ausdehnung nicht übliche Lärchenweide aus, die als das Zedlacher Paradies weitum bekannt ist. Am Rande der zum Teil unter Naturschutz stehenden Lärchenbestände – zum Naturdenkmal erklärt wurden 47 Stämme – breitet sich im Inneren Anger ein verlandeter Tümpel aus, der, ca.1600 m hoch gelegen, mit artenreicher Tier- und Pflanzenwelt sehr schützenswert ist. Ein mit gebotener Rücksicht gern besuchtes „Paradies", für erholsame Stunden zwischen den hochgewachsenen und ein halbes Jahrtausend alten Lärchenriesen in ihrer wandelbaren Anpassung an den Lauf der Jahreszeiten: vom zarten, ruhelosen Grün auf biegsamen Zweigen und weichem Geäst bis hin zum Gelb und Gold, wenn sie zum Abschied des Sommers brandrot am Berghang und im Inneren Anger stehen. Vergänglich ist ihr Nadelkleid, doch das Holz ist zäh und den Jahrhunderten trotzend.

▷ *Der **Angerlesee**, ca. 1600 m, im Zedlacher Paradies war in geheimnisvoller Weise mit dem Ziehbrunnen in Oberdrum, dem oberen Zedlacher Ortsteil, verbunden. Trocknete der Angerlesee gelegentlich aus, dann versiegte auch das Brunnenloch in Oberdrum. Bis zum Bau der ersten zeitgemäßen Wasserleitung war der Angerlesee der Regulator für den Wasserbedarf in der mehr als 100 m tiefer gelegenen Ortschaft – erzählt Siegmund Kurzthaler aus der Marktgemeinde Matrei.*

Der Eissee im Timmeltal

Die Stimme der Bäche, ein Lied, das im an- und abschwellenden Rauschen die Umgebung mit unendlicher Melodie erfüllt, und der **Eissee**, 2661 m, dem sich kein Klang und kaum ein Laut entringt, sind die beherrschenden Merkmale im Timmeltal. Von Prägraten steigt das Bergtal geradlinig auf, entschärft von einem über Wallhorn ausholenden Fahrweg. Er reicht bis zur Bodenalm mit Auffahrtsmöglichkeit zu einem etwas darunter gelegenen Parkplatz. In das langgestreckte Sohlenstück der Wallhornalm stürzt mit hellem Schwall der Timmelbach, auf sonniger Anhöhe darüber steht, insgesamt 3 Stunden fern, die Eisseehütte. Diesen Namen borgt sich die Hütte, 2520 m, vom Eissee, der eine ¾ Stunde höher und zurückgezogen, 15 m tief und 2,5 ha groß, in einer dunkelglänzenden Gesteinskammer haust, nahe den Eisfeldern der sich steil aufschwingenden Hexenköpfe mit den eilig vor sich hin schwatzenden Bächen.

◁ *Der **Eissee**, 2661 m, ca. 15 m tief, ist bebende Mitte im Bergtal, wenn sich der Wind erhebt und über das Wasser weht, wenn darin die Sonnenstrahlen zerbrechen und nachts die Sterne zittern.*

▷ *Der Großvenediger beherrscht das Dorfer Tal. Wo zu Füßen der Weißspitze das Mullwitz- und Zettalunitzkees hart aneinander prallen und in den äußeren Grenzen der Dorfer Alm der Steig nordwärts zum Defreggerhaus schwenkt, liegt auf verfestigtem Moränengeschiebe einer der wenigen Tümpel im Dorfer Tal, in das man mit dem abrufbereiten Venedigertaxi von Prägraten aus gelangen kann.*

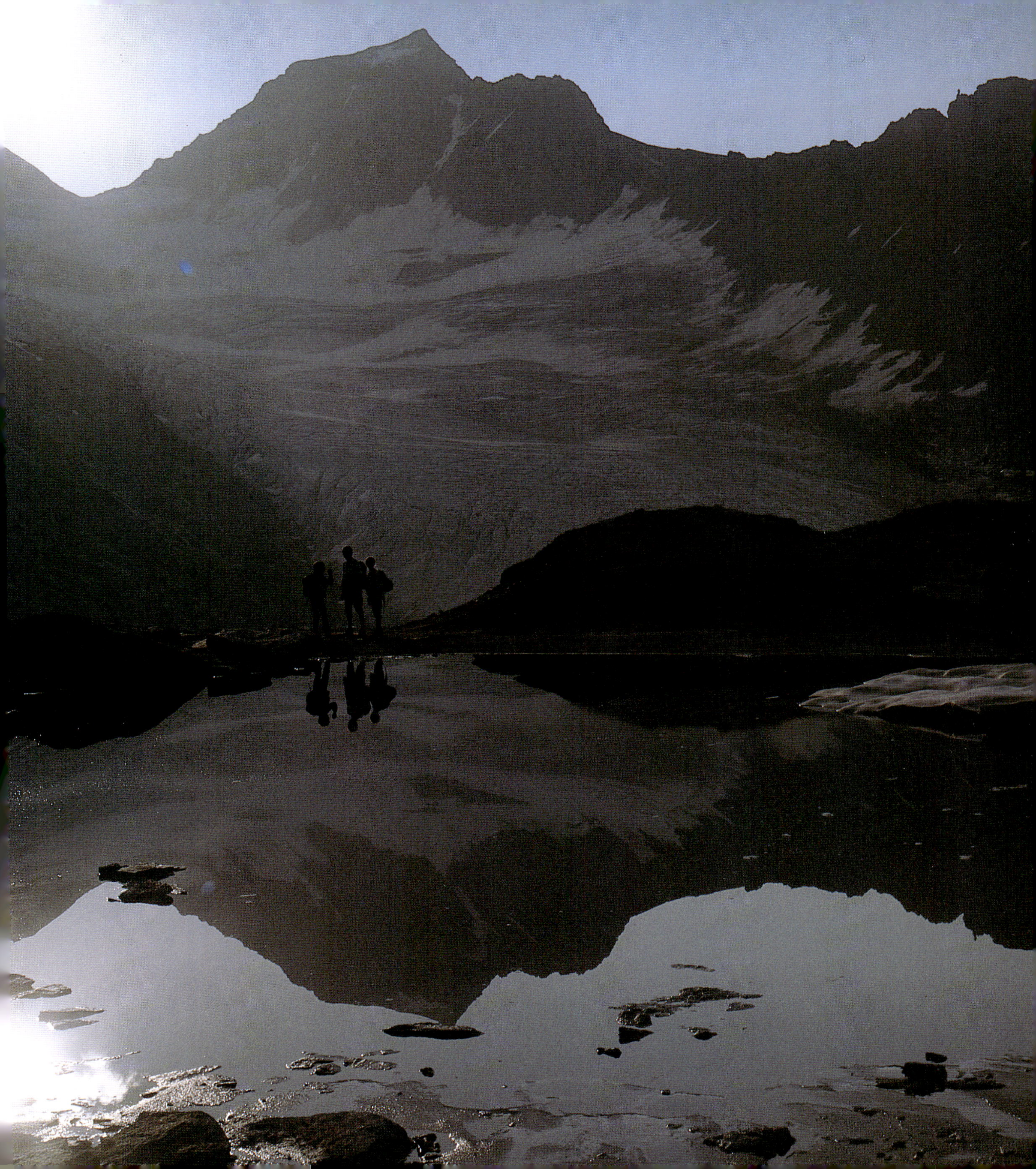

Gleißende Eisdächer und der Simonysee im Maurer Tal

Neben den schäumenden Bächen im Maurer Tal führen die dort wenig auffälligen Seen und Tümpel eher ein Schattendasein. Nur der **Simonysee**, ca. 2280 m, verfügt über einen festgeschriebenen Namen und einen gewissen Zauber im Zusammenspiel mit der noch immer eindrucksvollen Eiszunge aus dem Nährgebiet des Simonykeeses und den Simonyspitzen am Alpenhauptkamm.

Über Prägraten, Hinterbichl und Ströden (Parkplatz) führt der Weg in das Maurer Tal, mit der dort bereits beachtlichen Sicht auf die Gletscherberge. In etwas mehr als 2 Stunden erreichen wir nach einem landschaftlich schönen und abwechslungsreichen Aufstieg die Essener-Rostocker Hütte, 2207 m, am Südufer einer großen Seitenmoräne. Nah den Hütten befindet sich ein interessantes Moor, ein Archiv der Jahrtausende, das 1975 endlich zum Naturdenkmal erklärt worden ist.

Ein in morastige Torfschichten eingehöhlter Schacht öffnet ein Fenster in lang verflogene Zeit, und ein etwa 35 cm dicker quer liegender Baumstamm bezeugt einstigen Waldwuchs dort, wo heute der milchtrübe Simonysee das Wasser aus den Eismänteln der Simonyspitzen auffängt.

*Eine Welt voller Gegensätze. Ein Aufmarsch der Motive. Wo sich aus der starren, eisigen Rüstung der Simonyspitzen die Eiszunge spröd und kalt gegen den graugrünen **Simonysee**, ca. 2280 m, streckt, bewacht der Sommer eine bunte, anpassungsfähige Flora in phantasievoller Anordnung entlang dem sandigen, steinigen Ufer am Simonysee.*

Von der Natur angetastete Bergseen in der Hohen Grube

Wenn die Sonne am Mittag steht, verlöschen die Schatten in der Hohen Grube, in einem weit offenen Kar zwischen Steingrubenkopf, Quirl und Ogasilspitze. Keine den Karten anvertrauten und den Bergfreunden empfohlenen Steige führen in die Abgeschiedenheit der Hohen Grube, weit und sonnig über dem Umbaltal. Heimlichkeiten sind es nur, die auf die dort versteckten Seen hinweisen, der Reggenbach beispielsweise, eine halbe Stunde vor der Clarahütte, oder von dort aus ein Steig, der sehr steil und nur bei günstiger Witterung möglich ist. Der vielstündige Übergang zur Essener-Rostocker Hütte ist als Bergerweg nur Ortskundigen zumutbar. Der inzwischen zu 0,7 ha geschmälerte, grüne **Hintere Hochgrubensee**, 2670 m, und der fest umrandete **Vordere Hochgrubensee**, 2665 m, zieren wie der 1 ha große **Schinakelsee**, 2691 m, das Quellgebiet des Reggenbaches.

Sie sind von starker Verlandung, von ungebremster Aufschüttung beeinträchtigt. Aus den unbefestigten Halden des Quirls streuen bei kräftigen Regengüssen immer neue Schuttfächer an die Seen heran und verkleinern auch den Freiraum der Fische. Mit zersägtem spitznasigen Grat schirmt die Ogasilspitze, 3032 m, die Hohe Grube ab und versteckt dahinter, im eigenwilligen Hochkar, zwei felsumriegelte Kleinseen, die namenlos sind.

Aus der Werkstatt der unerschöpflich und unbewußt schaffenden Natur sind die grünen und blauen Lichter, die kleinen und großen Seen in der **Hohen Grube**, *2691 m. In diese Entlegenheit führen die Steige steil und heikel, und selten nur erreichen Freunde und Fremde diese eigenartige, märchenhafte Welt. In der Stille, bei den Seen der Hohen Grube, entspringt der Reggenbach, ein fahriges Wasser, das sich über die Steilhänge in Form bringt, im Sprung und im Sturz der jungen Isel im Umbaltal entgegen.*

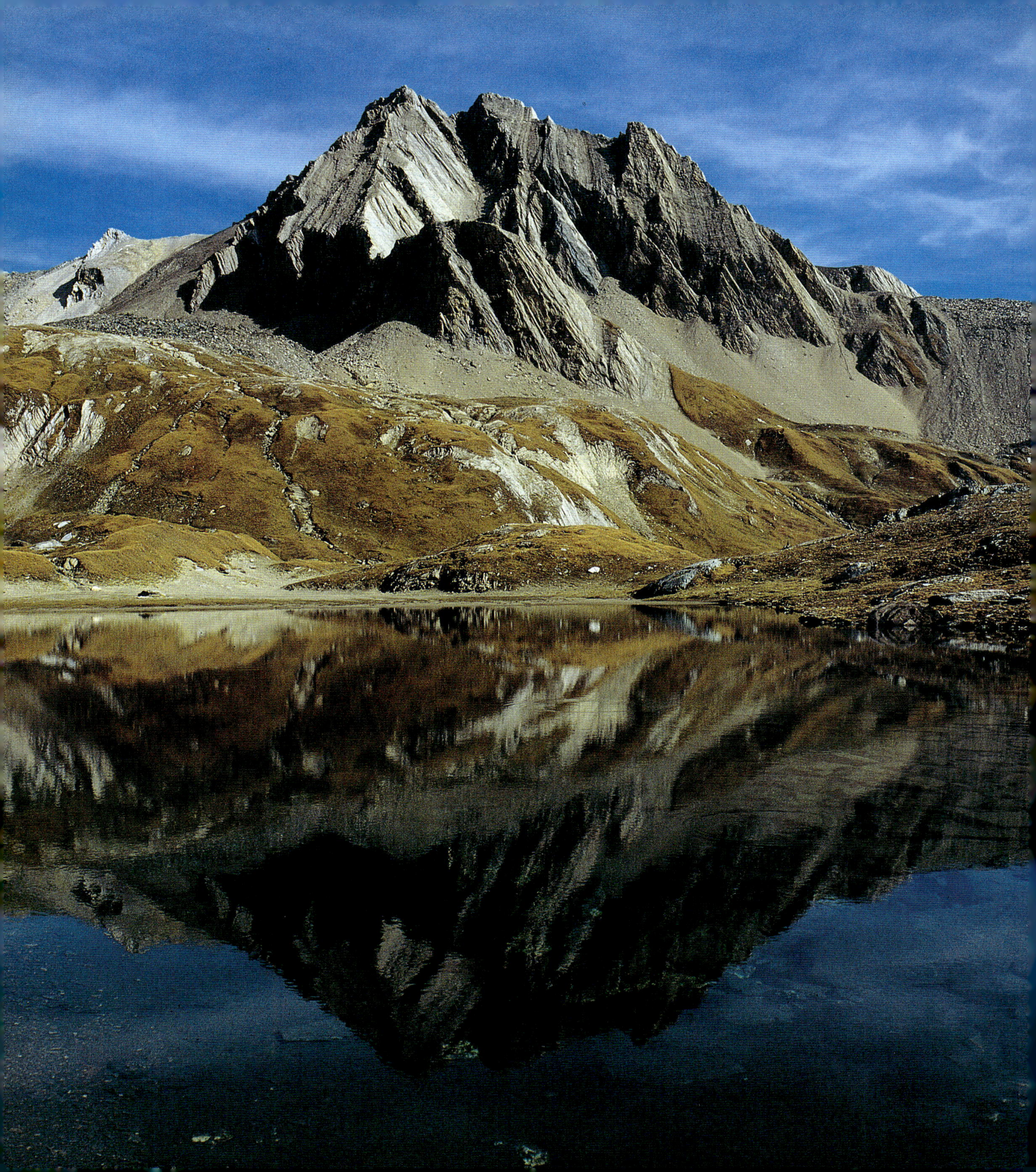

Aus dem Virgental zu den Seen am Lasörling-Nordhang

Der Bergersee weckt Träume und Wünsche am Lasörling-Höhenweg

Ein von Prägraten durch das schattseitig aufsteilende Zopatnitzental führender Steig erreicht nach 3 Stunden den zu 2,3 ha geweiteten, blaugrünen **Bergersee**, 2181 m, mit der nach ihm benannten Hütte am schachtartig eingetieften Seeabfluß, dem Ursprung des Zopatnitzenbaches. Beim fischreichen Bergersee hält auch der Lasörling-Höhenweg inne, ehe er westlich am bequemen Muhsweg zur Lasnitzenalm und in der Gegenrichtung über das Bergertörl zur Lasörlinghütte und durch geschichtlich belegbares Bergbaugebiet im hügeligen Glaurit ausgreift.

▷ *Eine Augenweide sind im bergseitigen Verlandungsgebiet des **Bergersees**, 2181 m, die Wollgrasbeete, die eine schöpferische und listenreiche Natur an den streßgeprägten Grenzen, an der Front wuchsfeindlicher Alpinzonen angelegt hat.*

◁ *In die Riege der bekannten Dreitausender reiht der sich im **Schinakelsee**, 2691 m, spiegelnde Quirl, 3251 m. Er trägt auf seiner Nordschulter einen dicken Eispolster und zeigt sich den hehren Venedigergipfeln ebenbürtig. Auf die sandgelben Seeufer der Hohe Grube senkt er sein zernagtes, bröseliges Gestein und wirkt damit abwehrend, als wollte er diese weltentrückte, empfindsame Berglandschaft gegen ungebetene Gäste verteidigen.*

Seen im uralten Bergbaugebiet und auf historischem Boden

Seit dem Bau der Lasörlinghütte, 2350 m, um 1980/81, 3 Stunden oberhalb von Virgen-Welzelach, gibt es im Mulliztal kaum noch Geheimnisse oder brachliegende Bergwinkel, und selbst in die ödeste Einsamkeit führt die Spur der Menschen. Fern der wellig gebreiteten Hochböden im Glaurit lockt der Lasörling, 3098 m, sich kühn zur Kirchturmspitze aufschwingend und blau vom Himmel überwölbt. Der Normalanstieg über hellbraun gesprenkelte Blöcke im Südkar ist leicht. Der Hütte näher und gegen das Defereggen-Virgentörl eine knappe Stunde ausschreitend, gelangt man im Angesicht vom Lasörling, Säule und, zur Rechten, vom Schober zur **Gumpenlacke**, 2402 m, die durch die Anwesenheit von Menschen belebter und für eine kurze Weile umlärmter sein mag.

Der Ausflug führt an der **Gumpenlacke**, *2402 m, vorbei zur Lasörlinghütte und auf den symmetrisch aufgebauten Gipfel des Lasörling, 3098 m, im Hintergrund. Zur Spitze mit Kreuz und wuchtigem Steinmann währt der Aufstieg auf markiertem Steig und über steinerne Treppen 3 Stunden, bis die weitreichende Rundsicht auch mit dem Tiefblick zum Bergersee (Seite 67) bereichert wird.*

Beschaulichkeiten am Höhenweg zwischen Lasörling- und Zupalseehütte

Über die Merschenhöhe und durch die Weite des Steinkaastroges folgt man dem wendigen Steig zu den mit Gras und Steinen umfriedeten, unversehrten Tümpeln und Seen. Sie sind bescheiden in ihrer Ausdehnung, dennoch einladend und versponnen mit einem Hauch von Seligkeit, und nichts könnte besser zu ihnen passen als die munter hingestreute Flora, die zwischen klaren Wassern und neben Steinen farbprächtige Muster stickt.

Die Bezeichnung **See im Grachten**, 2357 m, deutet der Sprach-Brockhaus auf „Graben", und das hügelige Relief des Steinkaastales könnte wohl zu dieser Namensgebung beigetragen haben. Der See im Grachten ist der ansehnlichste in diesem Bereich des Lasörling-Höhenweges, nördlich des Speikbodens und 1½ Stunden abseits der Lasörlinghütte. Einige weitere kleine Seen liegen in der Nähe des Hauptkammes, hinter stummen Moränen und im warmen Licht der Sommertage. Dazu gesellt sich auch der mit Blöcken rechtwinkelig umfaßte „Bocksee", ca. 2600 m, zwischen Gosingkopf und Speikboden. Etwas abseits davon führt der insgesamt dreistündige Abschnitt des Lasörling-Höhenweges, ohne merkliche Steigung und harmonisch sich der Landschaft einfügend, in Richtung Zupalseehütte und anschließend zur Wetterkreuzhütte am Waldsaum.

Der kleine ***„Bocksee"***, *ca. 2600 m, liegt etwas oberhalb des Lasörling-Höhenweges, umsäumt von fliederfarbenen, kurzstieligen Blüten und sonngewärmten Steinplatten, umrahmt von schmelzendem Schnee und Schattennestern – mit dem schleichenden Geräusch des Windes inmitten hingestürzter Trümmerhalden.*

Der Zupalsee weit oberhalb der Sonnenortschaft Virgen

Im Gegensatz zu den in das Defereggental steil abfallenden Bergflanken gleiten die Hänge des Lasörlingkammes wesentlich sanfter, mit Terrassen und Trögen, gegen das Virgental. So ist nach der großen Vereisungszeit in jedem der Nordtäler mindestens ein mehr oder weniger großer Bergsee verblieben, Seen, die man gerne aufsucht und besonders liebt, die klar sind und ohne Geheimnis, andere, die im bläulichen Silber verharren, undurchdringlich sind, aus deren Tiefen es verschwiegen heraufdunkelt. Das Wetterkreuztaxi in Virgen bewältigt den 1000 m messenden Höhenunterschied zur Wetterkreuzhütte mit mühlosem Schwung. Der eineinhalbstündige Panoramaweg zum **Zupalsee**, 2342 m, und zum Schutzhaus ist auch für kleine Bergsteiger gut geeignet.

Möglicherweise beeinflußte der in der Mundart für Fisch gebräuchliche Ausdruck „Zupe" die Seebenennung, wenngleich das nur 2,5 m tiefe Wasser mit dem Verbrauch durch das hütteneigene Kraftwerk den Fischen ein Überleben nicht einfach macht. Dennoch bleiben Zupalsee und -hütte untrennbar mit den gegenüberliegenden Venedigerbergen verbunden.

Von der Gunst der Jahreszeiten abhängig – der Lackensee

Am steinigen Nordrücken des Oberstkogel, 2574 m, und umsäumt von letzten, zähen Lärchen hat der Sommer dem **Lackensee**, 2151 m, einen großen Teil seines Wassers geraubt. Er verfügt über keinen sichtbaren Zufluß und nicht über die Kraft, längere Trokkenperioden verlustfrei durchzuhalten. Bei normaler Sommerwitterung ist der Lackensee allein durch seine, zwischen uralten Moränen, gewundene Form eine dankbare Entdeckung. Es ist ein kleines Vergnügen, dort zu rasten, im ersten Licht und wenn die bedächtig schwankenden Lärchenwipfel im gedämpften Graublau des Wassers wiegen. Auch im Herbst, wenn es kupferrot auf den Böden und Rücken brennt, ist der Lackensee, ungeachtet der geringen Wassertiefe, ein lohnendes Ziel. Oberhalb der lichter stehenden Bäume führt der Lasörling-Höhenweg von der Wetterkreuzhütte zum Fratnikbach und zum Lackensee, 2 Stunden lang, während deren uns jede, auch die geringste Mühe mit immer neuen, überraschenden Eindrücken und mit Schönem vergolten wird. Ein direkter Aufstieg aus dem Virgental, ausgehend von der Kapelle zur Hl. Magdalena in Mitteldorf, bedient sich eines in weiten Schleifen emporführenden Waldweges mit übersichtlichen Hinweistafeln zum Lackensee. Vom Iselfluß sind es 3 bis 4 Stunden, und mit Zustimmung der Anrainer läßt sich der Weg durch die Auffahrt etwas abkürzen, bis rund um den See die Berge eindrucksvoll Schulter an Schulter stehen.

*Der **Lackensee**, 2151 m, träumt von satteren Zeiten, während die Sommertage kürzer und kühler werden. Es ist ein Traum von wiederkehrender Schönheit im nächsten Jahr, wenn die Schmelzwasser vom Oberstkogel, 2574 m, den Lackensee auffüllen und ihm ein gefälliges Aussehen zurückgeben.*

▷   Der **Arnitzsee**, 2507 m, ist der höchstgelegene See in der Vorherrschaft des Großen Zunig, 2771 m. Vom romantischen Bärensteinsteig abzweigend, führt der direkte Zugang von der Arnitzalm, 1848 m, in das obere Arnitztal, bis hinter felsgesäumten Rücken und Hügeln, im zurückweichenden Mittagslicht, der Arnitzsee die einsame, entlegene Kammhöhe verzaubert.

▽   Der **Zunigsee**, 2112 m, ist der bekannteste im Nahbereich des Großen Zunig. Weniger geläufig ist der vom slawischen ableitende Name, der sich nach A. Achleitners Handbuch zur Namensdeutung auf „Dickicht" beruft. Ein einst hier üppiger Bewuchs ist heute nur noch an wenigen zwergenhaften Lärchen nachweisbar. Vom Zunigsee aus ist die Ersteigung des Großen Zunig, in 2 Stunden auf einem markierten Pfad, leicht und empfehlenswert.

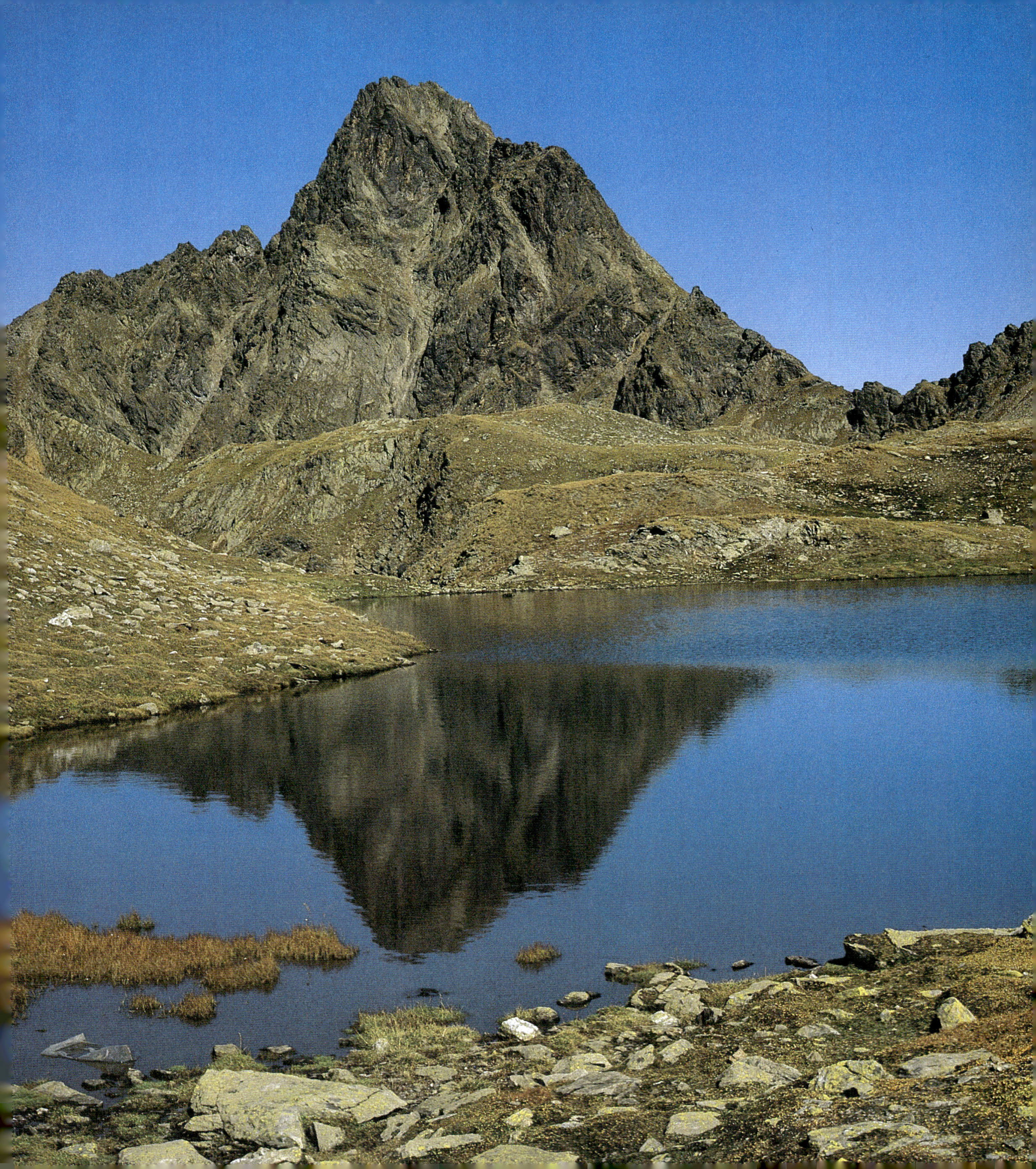

Der Große Zunig – leuchtende Bergaugen um einen beliebten Gipfel

Wie der älteste Teil des Schloßes Weißenstein datiert auch die Bauzeit der St. Nikolauskirche aus der Mitte des 12. Jahrhunderts. Sie gelten als Wahrzeichen der Marktgemeinde Matrei, zudem ist St. Nikolaus die älteste Kirche Tirols. An diesem kunsthistorisch bedeutsamen Sakralbau führt der Weg vorbei und gut beschildert die weitausladenden Waldhänge zur Zunigalm, 1846 m, empor. Ein auf halbem Weg rechts abzweigender Ast strebt zur Arnitzalm, 1848 m. Ein Marsch von jeweils 2 bis 3 Stunden. Wählt man von der Zunigalm den bekannten und markierten Steig in Richtung Großer oder Kleiner Zunig, dann darf man sich bereits nach einer ¾ Stunde auf den Anblick des **Zunigsees**, 2112 m, freuen. Der weitere, zweistündige Aufstieg auf den aussichtsreichen Großen Zunig gilt als großartiges Erlebnis.

Von der Arnitzalm dehnt sich der Steig zum **Arnitzsee**, 2507 m, mit 2 Stunden deutlich länger. Er versteckt sich in der höchsten Karmulde des Arnitztales, südwestlich des Großen Zunig. In den unschwierigen Aufstieg mischt sich das prickelnde Erlebnis des Entdeckens und die Gewißheit zu den wenigen zu zählen, die den Arnitzsee besuchen. Nicht nachweisbar ist die Ansicht, daß der reiche Arnikabestand um die Arnitzalm alle gleichlautenden Bezeichnungen beeinflußt hat.

Der **Feglitzsee**, ca. 2480 m, ist der einsamste in den Bergflanken des behäbigen Großen Zunig.

Beim „Feglitzpalfen" an der Bundesstraße der Matreier Streusiedlung Moos treibt der Feglitzbach der Isel in die Arme. In seinem Sturmlauf und im Sturz über den Steilfels läßt nichts seine Herkunft erahnen, jene verschwiegene Ferne weit oben auf den Höhen der Lasörlinggruppe. Rinnsale sind es dort vorerst nur, die der Feglitzsee und der noch höher gelegene „Riegelsee" aus der entlegensten Nische des Defregger Riegels, 2730 m, in das Iseltal schicken.

Der südlich des Großen Zunig steinern ummauerte Feglitzsee – der aus dem slawischen herrührende Name bezieht sich auf den engen Raum – wird in seiner räumlich kleinen, dauerhaften Einsamkeit nur von einer dürftigen Markierung gestört.

Mit felsigem Dekor und mit dünner Grasnarbe übersponnen, engen die harten Ufer den **Feglitzsee***, ca. 2480 m, ein und schmälern den Glanz und die Mitteilsamkeit, die seinen größeren Brüdern eigen ist. Beim verschwiegenen Feglitzsee spielt die Geschichte in trägeren Wellen nach.*

Bergseen auf den Sonnenhängen und bevorzugten Plätzen des Lasörlingkammes

Lohnende Seenbesuche aus dem Defereggental

Die steilere Südseite des Lasörlingkammes beherbergt auf Grund ihrer Topografie eine nur geringe Anzahl von Bergseen. So muß man bis St. Veit, der mit 1495 m höchstgelegenen Gemeinde Osttirols, und in die Nähe des Speikbodens, auf den St. Veiter Hausberg, um in einer stillen Ecke die **Gritzer Seen**, 2504 m, zu entdecken. Sie breiten sich, 1 ha groß, südlich des Defereggen- bzw. Virgentörls aus. Eine historische Route führt aus dem Defereggental über das oben erwähnte Törl in das Virgental. Sie erzählt noch jene alten Geschichten, die durch die kirchliche Bindung des Defereggen- mit dem Virgental herrühren und die mit dem achtstündigen Kirchgang glaubhaft, mit den Taufen und vor allem Beerdigungen jenseits der Berge makaber klingen. Ein Fahrweg erleichtert von St. Veit aus den Aufstieg zur Speikbodenhütte am oberen Waldsaum. Ein mit Nationalparkmitteln errichteter Weg führt in 2½ Stunden zu den Gritzer Seen. Von St. Jakob aus gelangt man über den Weiler Tögisch auf einem Wiesensteig zum Tögischer Berg und mit etwas mehr Zeitaufwand zum selben Ziel.

*Die **Gritzer Seen**, 2504 m, liegen abseits der üppigen Almen und letzten vereinzelten Heuschupfen, fern vom hörbaren Gebrause der silbrigen Bäche, und sie sind Mitwisser oben erwähnter Legenden nah dem Defereggen-Virgentörl.*

Das Tögischer Bachtal und die „Knappenlacken": stumme Zeugen verwehter Zeit

Auch im St. Jakober Wappen deuten die Bergwerkszeichen Schlägel und Eisen auf den mühevollen Kupferabbau vor 350 Jahren hin. Die Gruben im Trojer Almtal und im Tögischer Graben brachten den Bauern um der Jakobuskirche zusätzlichen Verdienst, wie später der Handel und heute der Tourismus, von dem St. Jakob, der Hauptort des Defereggentales, schon seit der 1924 erfolgten Gründung des Verkehrsvereines Nutzen zieht.

Den Besuchern des Tögischer Bachtales – eine von St. Jakob in den Weiler Tögisch führende Bergstraße kürzt den Aufstieg um eine knappe Stunde – bieten sich nur noch im obersten der gestaffelt übereinandergelegenen Taltröge die vergänglichen Spuren ehemaliger Bergbautätigkeit. Mundlöcher und Stollen, die man nach drei- bis vierstündiger Wanderung erreicht und die zu betreten gefährlich ist, erkennt man zwischen fahlbraunen Abraumhalden. Dazwischen schillern vereinzelt flache Tümpel und Kleinseen, die sogenannten **Knappenlacken**, ca. 2650 m. Einige liegen weitab und sind erst nach 1 Stunde sichtbar.

Der bedeutenste See ist gleichzeitig der scheueste: Er verbirgt sich hoch im Fels der Hofspitze, 2822 m, auch Milterle genannt. Der Name **„Hofsee"**, ca. 2700 m, ist weder schriftlich noch mündlich nachweisbar.

Bereits jenseits des Prägrater Törls, 2846 m, haust in einer Eisgrotte der **„Pizlessee"**, der mit deutlich mehr als 2800 m der höchstgelegene in Osttirol sein dürfte. Dorthin bietet sich auch ein vier- bis fünfstündiger Aufstieg von Prägraten zur Lasnitzenalm, 1887 m, an, bis nah dem Prägrater Törl der winterlich umkleidete „Pizlessee" noch nichts vom Sommer ahnt.

Erwähnenswert sind zwei kleine Seen hoch im Kleinbachtal. Der eine grün und kreisrund, der andere, nah der Finsterkarspitze gelegene, länglich und ungewöhnlich tief: ein kleines Naturwunder abseits des Lasörling-Höhenweges.

Im obersten, flachgeweiteten Tögischer Bachtal sprechen uns einige Tümpel an, die auch den heißen Sommern trotzen und von Hirten und Almleuten im Volksmund **Knappenlacken***, ca. 2650 m, genannt werden.*
Im flachen Wasser spiegeln sich matt das turmbewehrte Bockshorn und der schneeüberstäubte Steingrubenkofel, 2900 m.

Kleine Seen am First der Lasörlingberge

Hat man nach einigen Stunden hoch im Tögischer Bachtal das Prägrater Törl erreicht, dann bestimmen die scharf zugespitzten Felsgipfel des Lasörlingkammes das Bild. Sie strahlen eine stille Erhabenheit aus und tragen schwer zu deutende Namen. Die Blindisspitze und die Stampfleköpfe schauen herüber zum **„Pizlessee"**, der in einer Eisgrotte nördlich auf der harschgepanzerten Brust des Pizleshornes über 2800 m hoch liegt.

Ein Findling in einer ausgesetzten Lage, auf einer steinigen Terrasse ist der **„Hofsee"**, ca. 2700 m. Will man ihn suchen, dann gilt es nach zweistündigem Aufstieg im Tögischer Bachtal rechts in ein Trümmerkar abzuzweigen, um der Hofspitze (Milterle) näherzukommen. Der weite, insgesamt 4 Stunden währende, nicht ganz mühelose Aufstieg belohnt mit selten geschauten Felsszenen einer in sich ruhenden Berglandschaft.

*Nah den geschärften Felsgraten haust der **Pizlessee** in einem sich verzehrenden Gletscherrest. Unwirtlichkeit umgibt ihn, den blicklosen, eisigverglasten, Osttirols höchstgelegenen See in mehr als 2800 m Höhe.*

*In einer flachen und hohl geformten Schale aus Stein, dem Urstoff der Berge, liegt auf einer kleinen Terrasse der **Hofsee**, ca. 2700 m: ein Dachgarten der Lasörlingberge, mit rotem und weißem Steinbrech, den halbkugeligen, dachziegelig beblätterten Pölstern und vielen anderen Überlebenskünstlern der streßgeprägten Zonen. Südlich von der vom Hofsee behausten Rampe schaut die zackenbewehrte Kastalspitze zu den Deferegger Alpen, dorthin, wo sich Bilder der Erinnerung stauen. Sie blickt auch in das Tögischer Bachtal, in die übergrünte und gemilderte Zone der wiegenden Gräser und seltenen Wiesenblumen.*

*Die Neue Reichenberger Hütte am **Bödensee**, 2576 m, wurde den leidgeprüften Sudetendeutschen Vereinen eine treubewahrte Bergheimat. Ein festes Bündnis mit diesem herrlichen Fleckchen Erde schließen die zahlreich aneinandergereihten Gipfel des wuchtigen Panargenkammes, dessen mächtigster, das Keeseck, 3173 m, sein schneebeflecktes Haupt in den Bödensee taucht.*

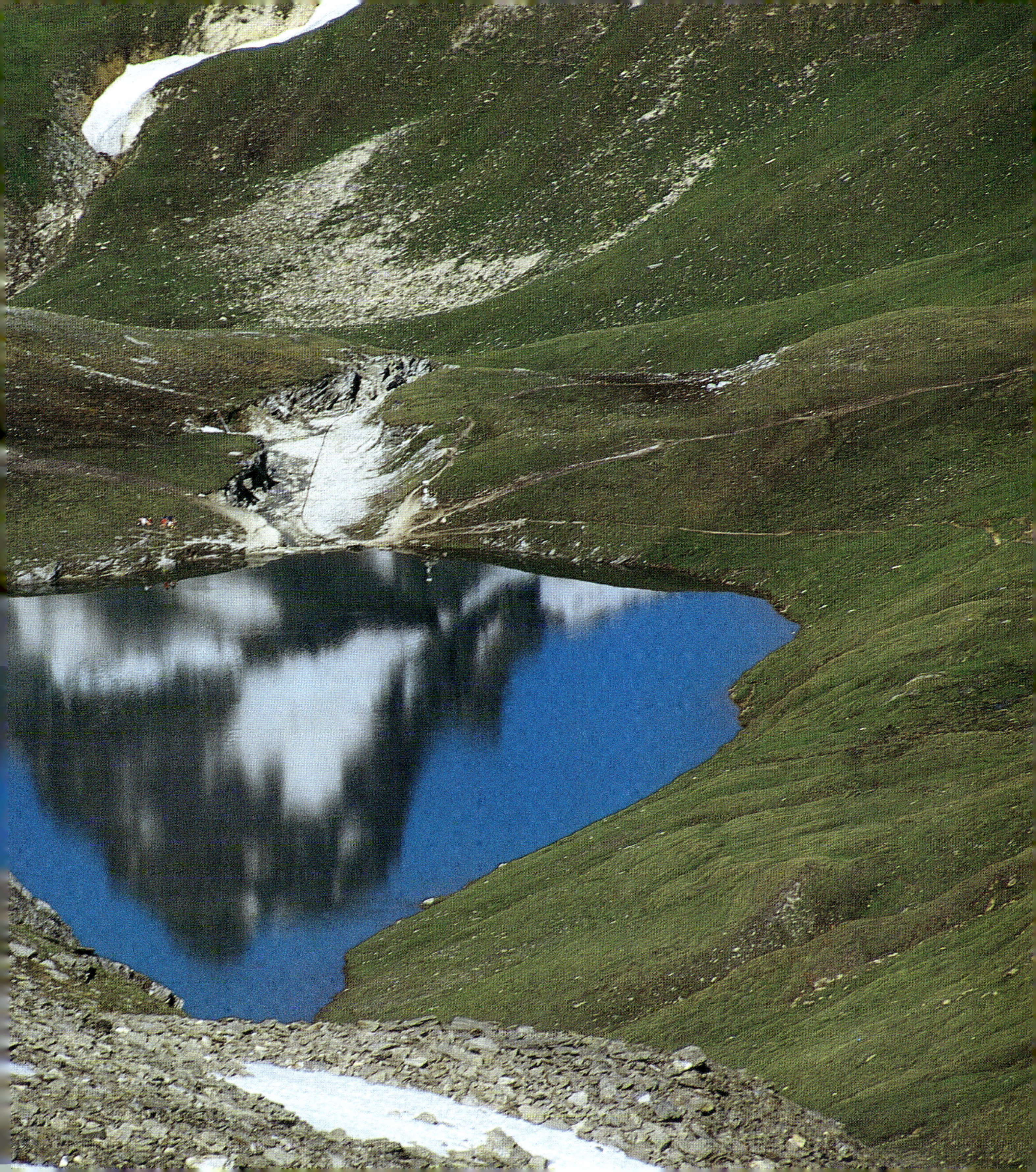

Das Trojer Almtal – ein prächtiger Rahmen für Bergseen zwischen Gras und Eis

An alten Mühlen vorbei führt der Weg von St. Jakob in das dicht bewaldete Trojer Almtal. Wo der Wasserfall mit sonorer Stimme zwischen der Vorderen und Hinteren Trojer Alm in das Tal ruft, schwingt sich der Steig in die rechte Bergseite und zu den letzten haltsuchenden Zirben empor und schließlich zur Reichenberger Hütte am **Bödensee**, 2576 m (Seite 78). Diese dreieinhalbstündige Wanderung führt in den Bergraum der Sudetendeutschen Vereine und in einen Bergwinkel, in dem der Bödensee Mittelpunkt ist. Mit 3,2 ha ist er größer und bekannter als der hinter Rasenrücken versteckte **Kesselsee**, 2577 m, eine halbe Stunde bergseitig des angenehm begehbaren Rudolf-Kauschka-Weges.

Ein bescheidenes Dasein fristet der **Göslessee**, ca. 2630 m, etwa 20 Minuten nördlich der Neuen Reichenberger Hütte und nah der zu einem Zuckerhut geformten Gösleswand. Zu den unauffälligsten zählt der **Blindissee**, 2566 m, eine volle Stunde oberhalb der Knappengruben, in wenig betretenen Bezirken, südseitig der genau 3000 m hohen Blindisspitze. Ein Eiskellerdasein ist dem **Dabersee**, ca. 2600 m, westlich der Daberlenke aufgebürdet. Der Rudolf-Tham-Weg verbindet in 1 Stunde die Neue Reichenberger Hütte am Bödensee mit dem Dabersee. Sand-

*Wo im Sommer der wilde Duft der Blüten und Kräuter über die Bergweiden strömt und später der Herbst den verwaisten **Kesselsee** umfängt, bildet der von der Seespitze zur Alplesspitze ansteigende Kamm den äußeren Rahmen.*

grau wie die nahe Daberspitze ist sein steiniges Bett und eisig zugedeckt, gleich der Rötspitze. Fern und formschön sind diese Berge am Westsaum der Venedigergruppe. Vom Dabersee führt der Steig durch das Dabertal, ein gewaltiges Kerbtal, zur Isel, nah der vielbesuchten Clarahütte im Umbaltal. Näher an der Neuen Reichenberger Hütte, 2586 m, liegt der kleinere Göslessee, ca. 2630 m, am Fuße der glockenförmigen Gösleswand. Er fließt nördlich in das Großbachtal ab. Der viel größere Bödensee entwässert durch einen breit ausgeschliffenen Abflußschacht in das Trojer Almtal, wenn er nicht einen Umweg durch die Hütte hinnehmen muß. Wie sehr der Nutzwassergebrauch der Hütte den Wasserspiegel beeinträchtigt, ist im Bild unten links sichtbar. Das Fassen neuer fernliegender Quellen ist sehr kostspielig. Es ist aber bereits im zukünftigen Arbeitskalender der für die Hütte verantwortlichen DAV-Sektionsfunktionäre verankert.

Wer, in 1 Stunde über die Rote Lenke, die leichte und lohnende Gösleswand, 2912 m, besucht, wird den **Göslessee**, *2576 m, neben geballten Rasenrücken aus der Vogelschau betrachten.*

Der **Dabersee**, *ca. 2600 m, dessen blaßblauer Teint oft nur für wenige Sommerwochen frei von Eis ist. Zu den Zaungästen zählen die Daber- und die weiß vermummte Rötspitze, 3495 m.*

Der Panargenkamm – Seenvielfalt im Reich rauher Felslandschaften

Der 10 km lange Panargenkamm, einer der zwölf selbständigen Berggruppen Osttirols, wird im Süden vom Defereggen im Norden vom Trojer Almtal begrenzt. In der langen Gipfelkette mit mindestens zwei Dutzend gleichrangiger Erhebungen sind nur sieben zackig zerrissene Felshäupter benannt, fünf davon überschreiten die Dreitausendmetergrenze. Gegen das Trojer Almtal stürzen die Felsflanken mit Rippen und Rinnen sehr steil und weglos ab. Gegenüber, der Sonne zugewandt, formt sich der Panargenkamm viel freundlicher: Er duldet Besiedlung auf steilen, grünen Lehnen und hütet die weit sich dehnenden Zirbenwälder, die in ihrer Geschlossenheit nichts Vergleichbares kennen. In den höheren Stockwerken staffeln sich steinige Terrassen, blumige Felsparkette und graue, stille Kare, in denen, im herrlichen Zusammenklang und unlösbarer Einheit, die Bergseen daheim sind. Vorrang beansprucht der größte, der **Oberseitsee**, 2576 m (Seite 87), von flachen Moränen gehalten und verbunden mit der Helle und Weite des Himmels.

Bei den Quellstuben des Erlsbaches sind gleich drei felsumrahmte **Alplesseen** versammelt, davon Osttirols zweithöchst gelegener, der Obere Alplessee auf 2791 m (Seite 85).

Der **Eggsee**, 2571 m (Seite 84), liegt wie der **Großbachsee**, ca. 2740 m, im südlichen Haldenbereich des Keesecks, dem höchsten aus schwerem Fels und leuchtendem Schnee aufgebauten Gipfel. Steinig und mehrstündig sind die Steige zu den Seen, manchmal auch steil, im Gegensatz zum Weg, der zur Jagdhausalm ins innere Defereggental einlädt, 3 Stunden von St. Jakob bzw. Erlsbach taleinwärts. Dort verbirgt sich das **Pfauenauge**, ca. 2090 m, ein unerwartet schönes, nur allzu leicht verletzbares Kleinod. Das stille Wasser sucht Schutz hinter einem Rasenrücken und einen kräftigen Steinwurf fern der romantisch und ärmlich wirkenden Jagdhausalm. Eigenartig fremd, als sei es keine Welt von hier, mutet dieser Bereich des inneren Defereggentales an, wo am Zusammenfluß von Schwarzach und Arvenbach die bereits im 12. Jahrhundert aktenkundige, aus Stein erbaute, sehenswerte Jagdhausalm auf 2000 m Seehöhe liegt.

◁ *In den weitwallenden Südhängen der Panargenberge verliert sich, steinig umstreut und nur gering beachtet, der **Großbachsee**, ca. 2740 m. Er kann auf jener Route besucht werden, die auch zum Eggsee (Seite 84) führt. Kurz davor schwenken wir rechts in das Keesecksüdkar ein. Hinter den gestriemten Flanken der Bretterspitze wenden der elegante Hochgall und die kunstlos gereihten Ohrenspitzen ihre mit Eis und Schnee hell und kühl überwehten Höhen dem Großbachsee zu.*

▷ *Nahe der Jagdhausalm im Schatten eines Rasenkegels träumt das **Pfauenauge**, ca. 2090 m, wie die Almbauern das äußerst schützenswerte, stille Biotop nennen. Von dieser lautlosen Idylle lenkt der im Almboden sich eingrabende Arvenbach ab, wenn er gelegentlich aufständisch und zornig, in gefährlicher Spannung durch das Tal grollt.*

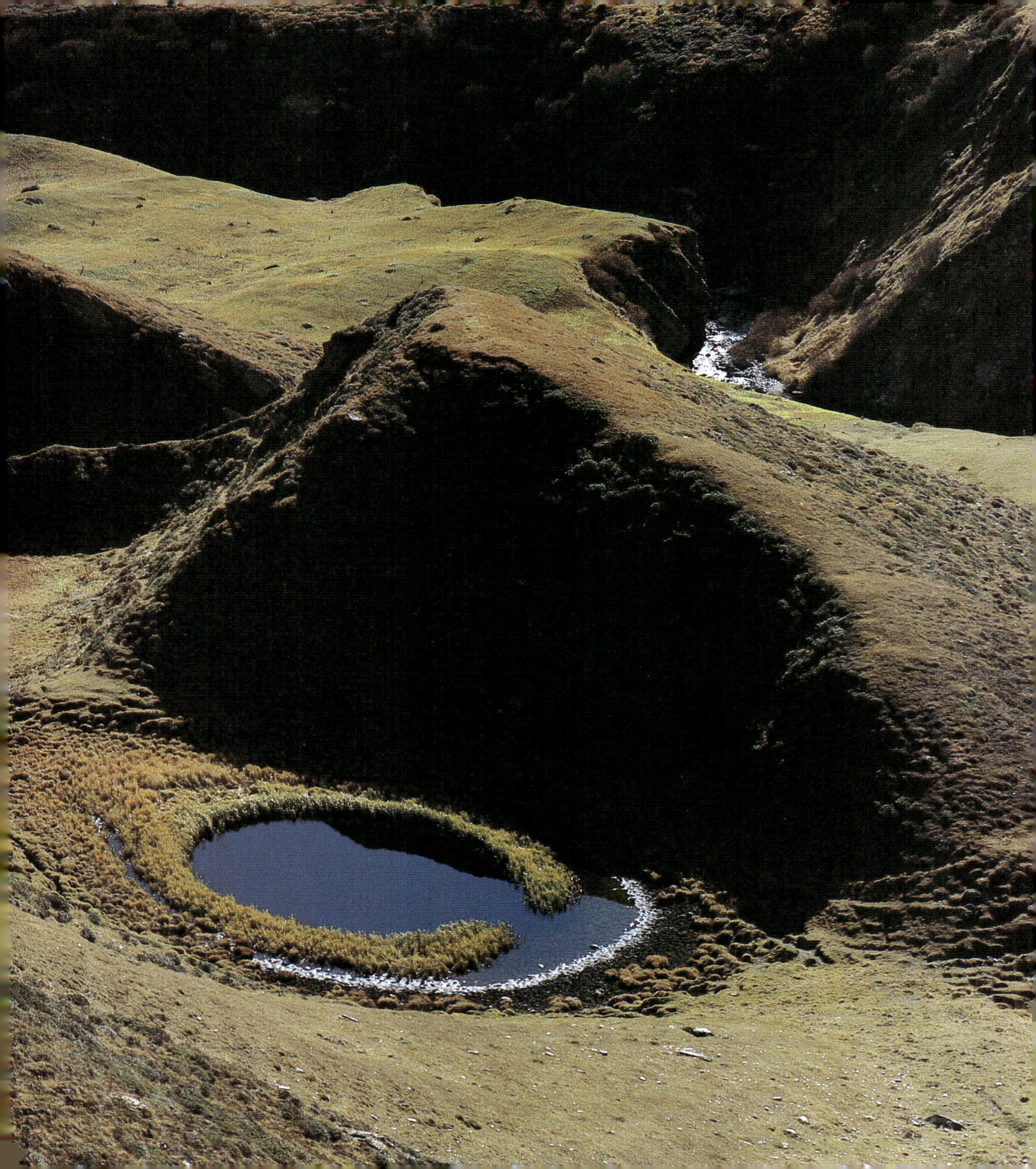

Harzduftende Zirbenwälder und schweigende Hochkare

Der **Eggsee**, 2576 m, liegt weit über den Oberhauser Zirbenwäldern und auf der Sonnseite der doppelgipfeligen Panargenspitze, 3117 m. In der Weiträumigkeit stummer Halden und Kare ist er so vereinsamt, daß auch den am Ufer vorkommenden Schmucksteinen, undurchsichtig gläsernen Granaten, ein ungefährdetes Dasein sicher ist. Zwischen ihnen und metamorphen Gesteinen, gehärtetem Gneis und Glimmerschiefer, besteht ein enger Zusammenhang.

Wo, etwa 200 m nach der Oberhausalpe, 1786 m, die gleichnamigen Zirbenwälder besonders dicht und fast bis zum Wegrand stehen, schlängelt sich ein Steig durch das Waldrauhen und später am Rande sonniger Lichtungen empor. 1½ Stunden sind uns die buschigen Gestalten, die Zirben mit sehnigen Armen und verdichtetem Kronengewölbe, ein willkommener Schatten. Wo auch die Zirben nicht mehr höher können und eine breite Hangterrasse Rast, Aussicht und eine erinnerungswerte Landschaftsvielfalt verspricht, steigt man, mit geheimem sammlerischen Trieb oder einer Neigung folgend, die angenehm den Tag erfüllt, dem Bach zur Seite in wiederum 1½ Stunden zum Eggsee an. Er ist einer der sechs Hauptseen auf der Südseite des Panargenkammes, und sie alle zu besuchen bedeutet, sich allmählich vom bloßen Genießer zum wissenden Kenner zu steigern.

*Der **Eggsee**, 2576 m, weitet sich in einem sonnigen und offenen Kar, südlich der doppelgipfeligen Panargenspitze, 3117 m, die dem ganzen Kamm ihren Namen leiht. Der zweistündige, abwechslungsreiche Anstieg vom Eggsee über bunt gefärbte Halden ist schön und die Gipfelbesteigung allseitig ohne besondere Schwierigkeit.*

Namensverwandtschaft von den Alplesseen bis auf die Alplesspitze

Drei **Alplesseen** sind miteinander verschwistert und nur in ihrer Namensgebung, nicht aber durch das äußere Erscheinungsbild einheitlich. Nach St. Jakob und Maria Hilf erlaubt der letzte bewohnte Weiler Erlsbach, 1555 m, den direkten Zugang zu den Alplesseen, die für viele eher fremd als vertraut im Quellgebiet des Erlsbaches ein hartes felsgeböschtes Ruhekissen haben. Hat man nach 3 Stunden den tiefstgelegenen **Erlsbacher Alplessee** erreicht, dies geschieht ab der Erlsbacher Alm steiglos, dann trennt nur noch eine halbe Stunde zum blauen Seidenglanz des **Unteren Alplessees**, 2752 m. Der auf der nächsthöheren Stufe grünlich ausfärbende **Obere Alplessee**, 2791 m, ist Osttirols zweithöchster See und liegt höher als die Gipfel der Lienzer Dolomiten.

*Wenn man von der Alplesspitze, 3149 m, die jegliche verlockende Herausforderung mit rauhen Felsplatten erwidert, auf den Alplesboden und auf die **Alplesseen** schaut, die Reste und Kinder der längst verwehten Eiszeit sind, dann übertüncht die herbe, großartige Berglandschaft mit all ihren wechselvollen Feinheiten die monoton gleichklingenden örtlichen Benennungen.*

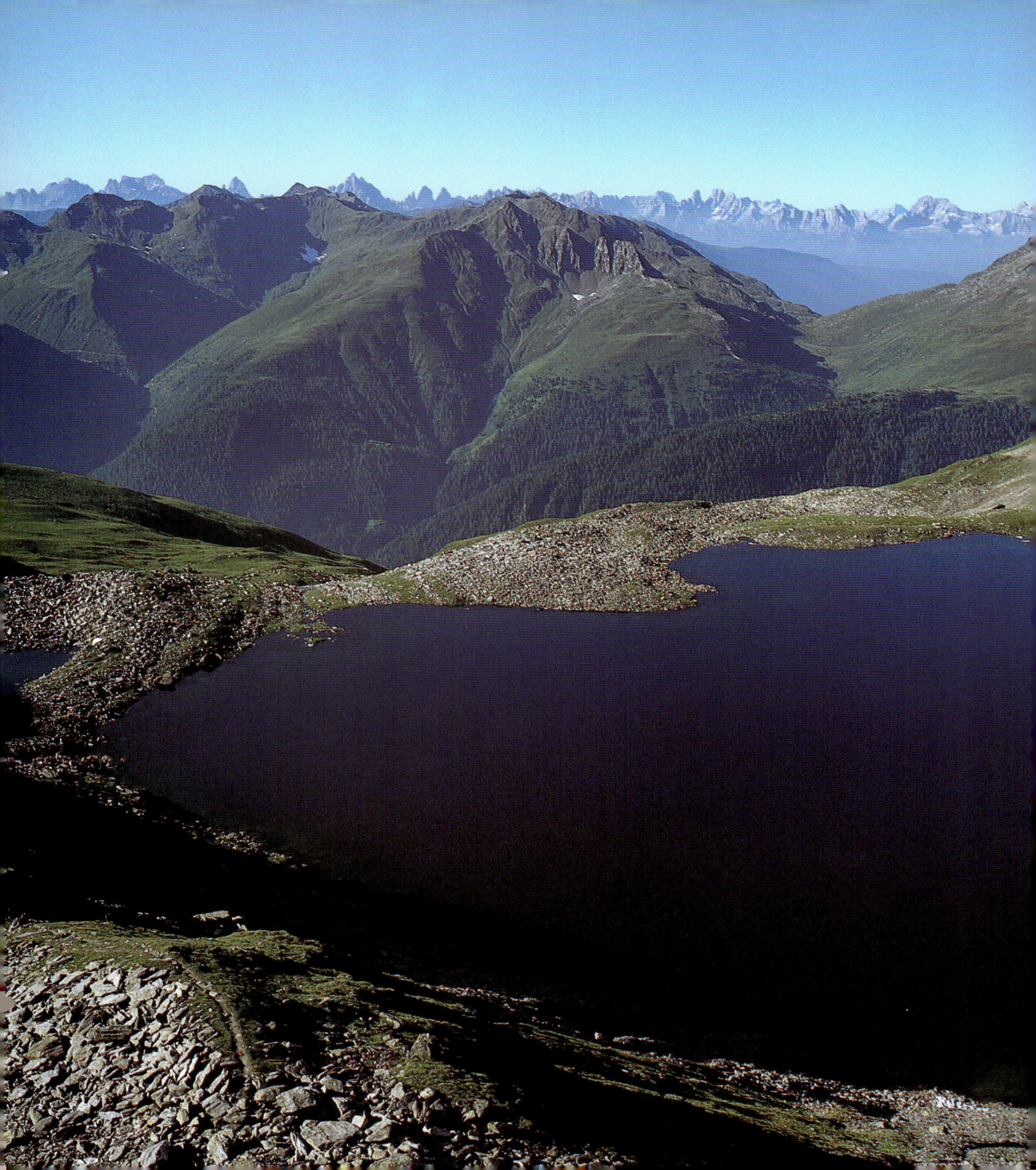

Ein König unter den Bergseen

Der großartige, 7,8 ha geweitete und 22 m tiefe **Oberseitsee**, 2576 m – in Peter Anichs Karte einst als Panidsee benannt – gilt als willkommene Bereicherung am Aufstieg zur Seespitze, 3021 m, des Defereggentales leichtest ersteigbarer Dreitausender. Mit der Auffahrt von St. Jakob, über die Weiler Außer- und Innerberg, 1712 m, verringert sich die Gehzeit zur Seespitzhütte am Blumenweg und zum fischreichen Obersee auf 3 Stunden. Mit dem Besuch der Seespitze, einer bevorzugten Aussichtswarte, fügen sich noch 2 Stunden an.

Der Gipfel wird am gestuften Südgrat bestiegen, der eine mit Stahlseil gesicherte Felsplatte aufweist und für Trittsichere unschwierig bleibt. Vom Kreuz am Gipfel wird die Aussicht Freude entfalten und vermag auch hochgesteckte Erwartungen noch zu übertreffen.

◁ *Über der satten, blauen Farbe des **Oberseitsees**, 2576 m, die sich elastisch von einem zum anderen Ufer spannt, verblaßt auch der Himmel, der die Deferegger Berge und, weit im Süden, die Felsstöcke der lichtgrauen Südtiroler Dolomiten leicht und gefühlvoll überfließt.*

▷ *Der **Oberseitsee** im aufhellenden Morgenschatten. Eine Seelandschaft, die sichtbar und fühlbar nicht ohne die Gnade der Schöpfung zustandekam. Hier ist Schweigen angebracht – Worte verwehen ins Nichts und keines ist schwer genug, um die Tiefe des Oberseitsees bis zum Grund auszuloten.*

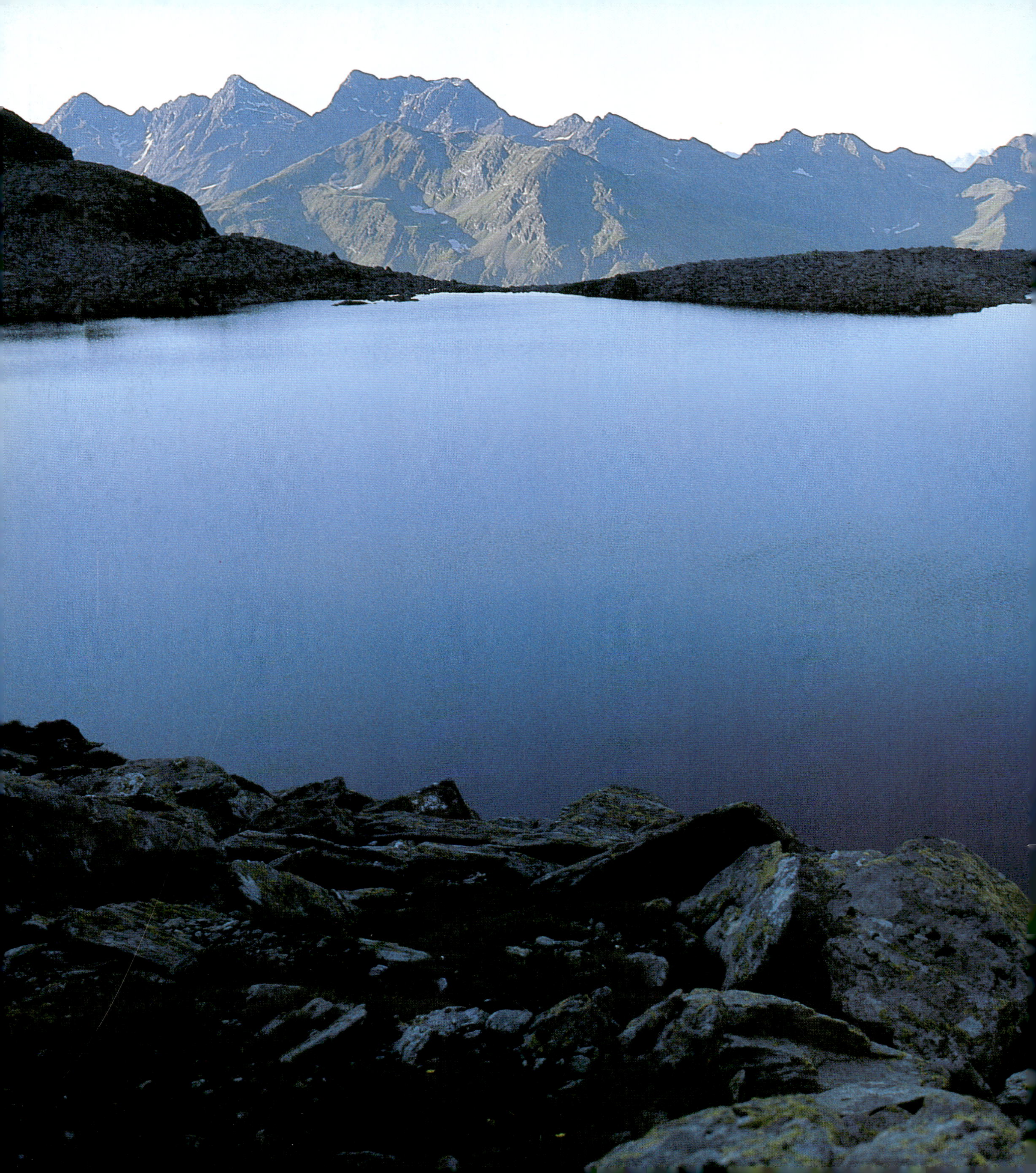

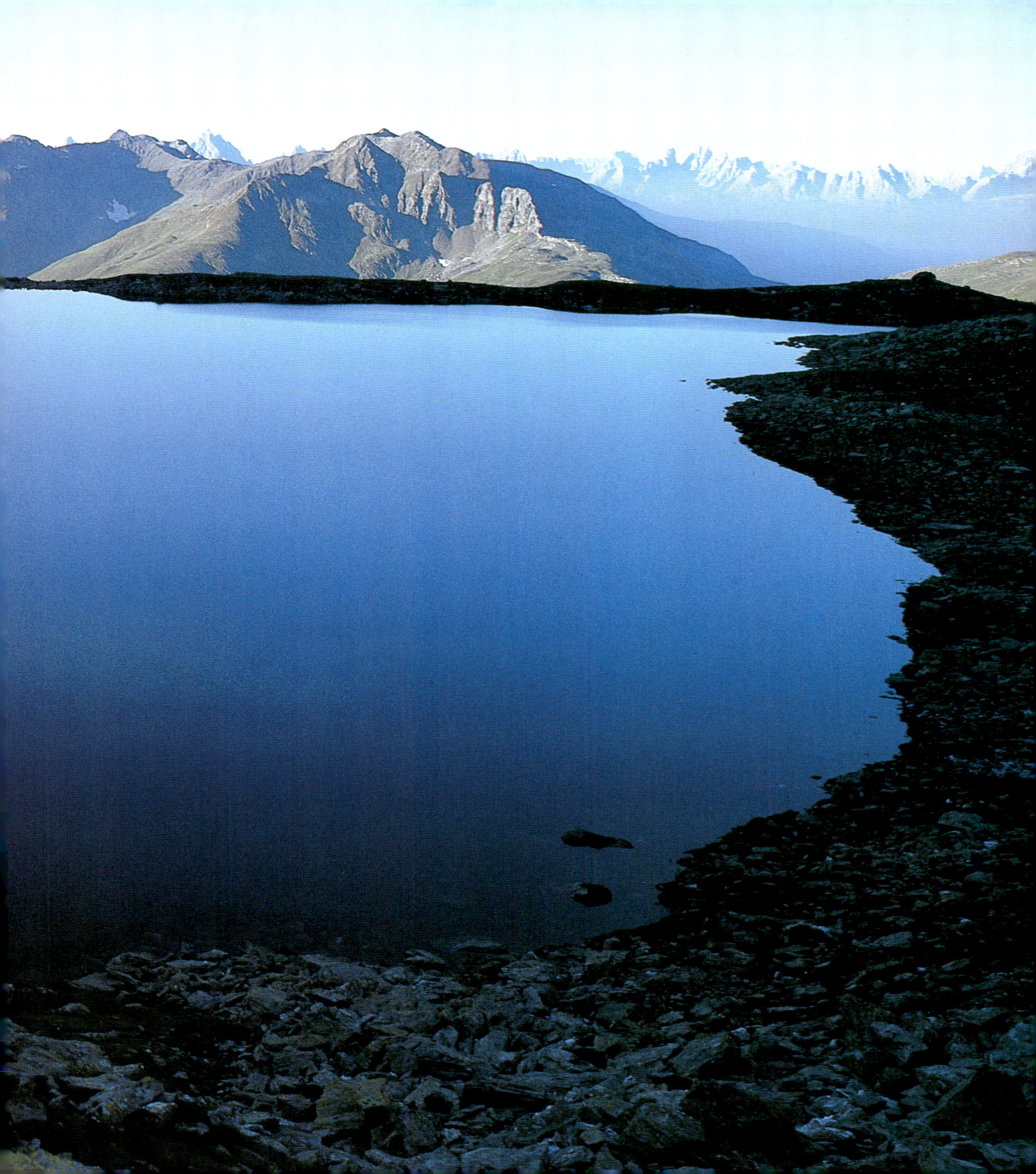

Seenarmut im helleuchtenden Granit der Rieserfernergruppe

Das vom Hochgall und Ruthnerhorn beherrschte Gebirge ragt mit seiner Oststirn und nur mit einem Fünftel seiner Gesamtfläche nach Osttirol. Das Defereggental mit der Schwarzach und das Staller Almtal begrenzen die Rieserfernergruppe im Norden und Osten, von dort aus schneidet das Patscher Tal scharf in die Berggruppe ein. Außerhalb der stark rückläufigen Vergletscherung und am Rande des Gebietsteiles halten sich einige Bergseen. Das bekannte Ausflugsziel mit dem **Obersee**, 2016 m, am Staller Sattel und, in der nördlich ausklingenden Gebietszone, der **Klammlsee**, 2258 m, bereits auf italienischem Territorium, sind durch eine Straße bzw. einen Wirtschaftsweg im Zusammenhang mit den Almrechten im Ursprung des Defereggentales erschlossen. Der erwähnte Wirtschaftsweg ist ab Oberhaus in Richtung Seebachalmen, Jagdhausalm und Klammljoch für den öffentlichen Verkehr gesperrt.

Von untergeordnetem Rang sind die im Zehrgebiet des Fleischbachkeeses entstandenen Eisseen, die zu besuchen gewiß nur im Zuge einer Gipfeltour lohnend ist. Jeglichen Eiskontakt verloren hat das **Seebl**, 2556 m, am Rötlboden, vom Patscher Tal aus zugänglich und wie alle anderen „Tropfstellen" des Keeses 3 bis 4 Stunden vom Ausgangspunkt der Seebachalm entfernt.

◁ *Mit dem allmählichen Zurückweichen des Fleischbachkeeses bilden sich Eisseen, die mehrheitlich namenlos und auch in ihrer kleinsten Form Ausdruck der bedrängten Gletscher sind: ein Eisschwund, von dem auch die leicht angeschneiten Gipfel der Röt- und Dreiherrnspitze im Hintergrund betroffen sind.*

▷ *Der tiefblaue **Obersee**, 2016 m, am Staller Sattel ist von Zirben, harter Straße und Parkplatz umringt. Er trägt viele seiner Wunden bereits vernarbt, und unter den zahllosen Besuchern löst die mühlose Begegnung mit dem von Seesaiblingen und Bachforellen reichlich besetzten Obersee sichtbare Freude aus.*

Der Schatz der Seen in den Deferegger Alpen

Mit 35 meist hochgelegenen Bergseen beherbergt dieser Gebietsteil die größte Anzahl der in ihrem Erscheinungsbild unterschiedlichen Gewässer. Diesen wohl schönsten Teil des eigenwilligen Landschaftscharakters vervollkommnet die hoch und breit bis nah an die Dreitausendmetergrenze gehärtete Gipfelflur. Vorherrschend ist beständiger Granitgneis: Gesteine, die vielfach erzführend sind, wovon die zahlreichen Bergbaue vorwiegend auf Kupfer, Silber und Blei, aber auch die zum Teil noch aktiven Mineralquellen erzählen und dabei Vergangenheit fühlen lassen. Die Nordseite der Deferegger Alpen begrenzt das Isel- und Defereggental, dort treten wir den Seenrundgang beim Obersee am Staller Sattel an. Der **Obersee**, 2016 m, mit 13 ha Oberfläche und 27 m Tiefe, mit 624 m Länge und fast 2 Mill. m³ Fassungsvermögen und immer schon bedeutendem Fischbesatz, ist ein Touristentreff, gefördert durch die Straßenverbindung zwischen St. Jakob und dem Antholzer Tal auf Südtiroler Seite.

Der Obersee in der hohen Zeit im Jahr

Seit Eröffnung der zügigen Paßstraße, am 14. September 1974, besteht eine Tourismusgemeinschaft des Defereggentales mit dem Antholzer Tal. Die Geschichte des Staller Sattels ist alt. Auch das St. Jakober Wappen versinnbildlicht mit dem Gebirgseinschnitt im Hauptfeld den Staller Sattel, über den vor einem Jahrtausend bayrische Siedler aus dem Antholzer Tal in das waldreiche Hochtal zogen. An Gebirgsübergängen und an Verkehrsknoten wurden Jakobuskirchen errichtet. Jakobus gilt als Patron der Reisenden, so wurde auch in St. Jakob, 1389 m, dem Hauptort des Tales, auf dem Weg zum Staller Sattel eine solche Kirche erbaut.

Die **Oberseehütte** am Westufer ist Ausgangspunkt zur noch schneebedeckten Jägerscharte und zum, im Bild rechter Hand, aufragenden Almerhorn: ein Aufstieg, der an unbenannten Tümpeln vorbeileitet. Von geringer Bedeutung sind kleine Seen im Zinsental, und jenseits der Bezirksgrenze liegt der flache Ackstaller See, 2461 m, am Weg zur fernen Roten Wand, umhegt von einem sonnigen Tag, der das Tal aufsucht.

▷ Jenseits der Grenze liegt der **Antholzer See**, 1641 m, der nach ganz anderem Schema und mit einer individuellen Note sich offenbart und darstellt, in dem sich die Farben der Sonne und der Schwermut der dunklen Wälder widerspiegeln, die ihn zum größten der waldumschlossenen Bergseen in den Ostalpen küren.

◁ Wenn beim **Obersee**, 2016 m, früher Almsee genannt, der Sommer sein Almrosenfest feiert und der Schnee sich auf das Almerhorn, 2986 m, zurückzieht, herrscht bei der aus hellen grobkantigen Granitsteinen gemauerten Oberseehütte zumeist lebhafter Betrieb, ein ständiges Kommen und Gehen.

Die Vorgeschichte Osttirols: alte Jägerrast bei der Planklacke am Hirschbühel

Der Lienzer Archäologe Dr. Harald Stadler erwähnt in der Osttiroler Bezirkskunde, daß die vorläufig ältesten Funde, die 1987 von einem Heimatforscher am Hirschbühel im Defereggental entdeckten Steingeräte, typologisch ins 7. bis 6. Jahrtausend v. Chr. weisen. Unter den Artefakten finden sich eine Geschoßspitze aus Bergkristall und kleine Klingen, Dreikantspäne und Lamellen aus Feuerstein, welche mit Arbeitsvorgängen in Verbindung gebracht werden, die auf das Ablösen und das Zerteilen von Fleisch und auf Fellbearbeitung hinweisen. Die neu entdeckte Höhenstation gehört in eine Fundgruppe, die als saisonale Jägerrastplätze interpretiert wird. Die damals noch stärker umwaldete **Planklacke**, 2141 m, diente dem Wild als Tränke und bot den steinzeitlichen Jägern ein gutes Versteck, in dem sie Tieren auflauerten. Als Jagdbeute dürften die mesolithischen Jäger auf ihren sommerlichen Streifzügen im Hochgebirge hauptsächlich Steinböcke und auch Gemsen im Auge gehabt haben.

Hoch über dem Hirschbühel baut das Deferegger Pfannhorn, 2819 m, sich als mächtiger und gern besuchter Gipfel auf, und im Süden knickt der Horizont am Gsieser Törl leicht ein, mit dem Paßweg nach St. Magdalena und St. Martin in Gsies.

Wo nach St. Jakob, Maria Hilf und Erlsbach die Staller Sattelstraße kehrenreich die anfängliche Steigung nimmt und im ersten flachen Sohlenstück des Staller Almtales weiterläuft, zweigt ein Steig östlich zum bewaldeten Erlasboden, 2209 m, ab. Auf feuchtem Grund steht flaumiges Wollgras zitternd in jenem Wind, der auch in die Stille und ins Geäst der Zirben und Lärchen fährt, durch die fern und blau der Obersee vom Staller Sattel blinzelt. Durch Alpenrosen und über braune Erde bahnt sich der Steig in insgesamt 1½ Stunden zum Hirschbühel, mit ständigem Blick in das Defereggental und mit der Vorfreude, bei der Planklacke etwas auszuruhen. Will man ohne Autobenützung zur Planklacke am Hirschbühel, dann empfiehlt sich der

*Der hellblaue Spiegel der **Planklacke**, 2141 m, am Hirschbühel verrät seine Geheimnisse erst dann, wenn man die zunehmend verwachsenden Ufer erreicht. Ein Platz, an dem man bleiben möchte.*

Waldweg von Maria Hilf in 2 Stunden zur Lappachalm, 1910 m, einem kleinen Almdorf zwischen zottigen Lärchen und buschigen Zirben, eine ³/₄ Stunde der Planklacke vorgelegen. Beim kreisrunden Wasser am Hirschbühel zweigt der Rasenpfad mit rotmarkierten Stempeln zum Defereggger Pfannhorn, 2819 m, ab. Der für leistungsstarke Bergwanderer unschwierige, zweieinhalbstündige Aufstieg führt zum „Großboden", durch das „Weittal", zur „Schmelzgrube" an der oberen Grenze des Weidegebietes bis an den Fuß der Gipfelflanke. Altschnee und eine steile, wollgraue Blockhalde verbinden zum Gipfel mit kleinem Kreuz, Wanderstempel und weitreichender Aussicht. Das Pfannhorn gilt als einer der schönsten Berge in diesem Gebiet.

Die auf historischem Gebiet liegende **Planklacke***, 2141 m, am Hirschbühel; dort, wo Archäologen Wissenswertes aus dem steinigen Boden schürfen und sich steinzeitlichen Jägern ein Rastplatz bot, dort sind auch wir eingeladen, eine Weile mit dem auszukommen, was die Natur gibt und die Schöpfung hervorbringt. Vom späten Sommer gebräunt ist das Ufer, und lind rauscht die schmeichlerische Luft.*

Das Brugger Almtal: Seen auf Bergmatten und im fernen Felsenreich

Schnell findet man das Gefühl für Weite und für ein anderes Maß in der durch die St. Jakober Bergbahnen rasch nähergerückten Almlandschaft. Im Anschluß an die bequemen Gondeln hilft ein Sessellift noch höher hinauf, oder in sportlicherer Weise ein Steig, bis nichts mehr die Begegnung mit der zwischen den grasgrünen Wogen der Brunnalm, 2053 m, gelegenen **Ochsenlacke**, 2363 m, behindert. So genügt mit Inanspruchnahme der Gondelbahn eine knappe Stunde zu der in Gras und Lehm gebetteten Ochsenlacke westlich vom Großen und Kleinen Leppleskofel, 2483 m. Ein Paßkreuz trennt die zwei ungleichen Berge, den schnell und leicht erreichbaren Kleinen Leppleskofel und den viel höheren Brudergipfel, den Hausberg der Brunnalm. Zum Kreuz am Großen Leppleskofel, 2820 m, führt ein markierter, ab der obersten Liftstation noch einstündiger Steig.

Wesentlich mehr an Zeit und Energie fordert der „**Weißspitzsee**" im Bereich der steingepflasterten Kammmulde, 2725 m, zwischen Roter und Weißer Spitze, den beiden wuchtigen, steilwandigen Bergriesen südlich der Brugger Alm.

Der Zugang ist kompliziert und besser von der Oberstaller Alm, vom Villgrater Arntal, aus durchführbar. Dann kann man in 3 bis 4 Stunden zum Felsensee gelangen, der in der schönen, friedlichen Felslandschaft der Weißen Spitze Zurückgezogenheit begehrt.

Die **Ochsenlacke**, *2363 m, ein ruhiger Pol in der durch Lifte und Pisten verwerteten Almlandschaft. Eine stillstehende Minute neben steter Betriebsamkeit und geforderter wirtschaftlicher Erweiterung.*

*Genügt uns der Anblick des **„Weißspitzsees"** vom Gipfel der Roten Spitze, 2956 m, dann entschädigt ein kreisrunder und trichterartig im Moränengrund eingetiefter Karsee, der im Aufstieg von der Brugger und Ragötzlalm noch vor dem Westkamm zur Roten Spitze in seinem „Dornröschenschlaf" überrascht wird.*

*Die versteinerte Heimat des **„Weißspitzsees",** ca. 2725 m, eines Felsensees, dem auch die Bezeichnung Seichensee eigen ist, der Nähe zur Wasserseiche, 2725 m, wegen, dem geräumigen Felssattel zwischen Roter und Weißer Spitze. Gebietsmäßig gehört der selten besuchte Felsensee zur Weißen Spitze, ungeachtet dessen, daß sich die Rote Spitze darin spiegelt.*

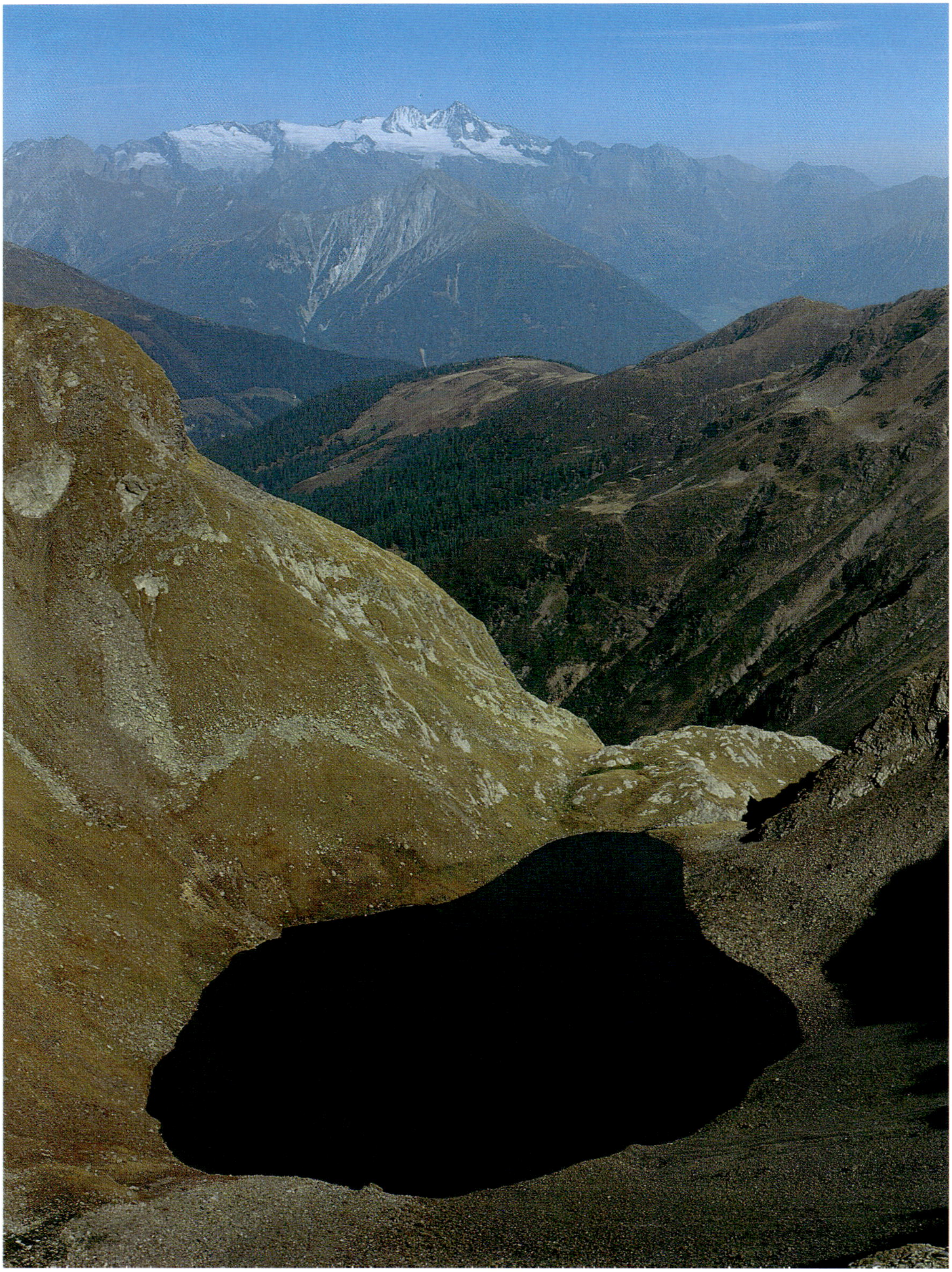

Die besten Gaben der Berge – Seen im Zwenewaldtal

Hopfgarten, 1107 m, – ein Name, der von dem Hopfen abgeleitet ist, der früher im Ort angepflanzt wurde – lädt bei der überdachten Holzbrücke an der Schwarzach zur mehrstündigen Wanderung in das Zwenewaldtal ein. Der steile Bannwald zuerst, die langgestreckte Talfurche danach sind die insgesamt 2 Stunden messenden Etappen bis in den Talschluß, am Zusammenfluß von Zwenewald- und Gagenbach. Zum **Geigensee**, 2409 m (Seite 100), einem der schönsten Osttiroler Bergseen, führt der sogenannte Fenstersteig über eine steile und felsdurchsetzte Talstufe in 2½ Stunden empor. Zum **Pumpersee**, 2486 m, zweigt eine Markierung ½ Stunde vor dem Geigensee rechts ab. Abseits und eingekesselt zählt der birnenförmig geschwungene, 3 ha große und 16 m tiefe Pumpersee seine wenigen Bewunderer leicht.

Wo die lockere Markierung aus dem Zwenewaldtal zur Bloshütte, 1800 m, und in gut 2 Stunden gegen das Villgrater Joch, 2585 m, aufsteigt, liegt, am Fuße des letzten Aufschwunges, in talferner Lage und als willkommene Abwechslung der **Alplsee**, 2484 m.

◁ *Der **Pumpersee**, 2486 m, inmitten schroffer Felsen und räumlicher Enge. Die Sonnenstunden sind karg bemessen, dennoch tritt der Tag ohne Hast an den See heran. Vielleicht ahnt auch er das Besondere und Seltene, das in diesem bergumstellten Winkel, beim unbeachteten Pumpersee, brach und unberührt verharrt und jenen als Erlebnis gilt, die den weiten, steinigen Zugang nicht scheuen.*

▷ *Der samtdunkle **Alplsee**, 2484 m, ruhend im hellen und lose geschichteten Kar, wie geschaffen für eine kurze Rast, eine geborgte Ruhestunde, für die kaum ein Platz im hektischen Alltag ist.*

▷ ▷ *Unschwer läßt sich in der eigenwilligen Formung des **Geigensees**, 2409 m, der Umriß einer Geige erkennen. Die kleine Glaurithütte steht am grünen Nordufer und nah dem leuchtenden Seespiegel, in den im Wechsel von Stimmungen der aufklarende Morgen schaut, mit blaumatten Schleiern der Mittag badet und der Abend die schöne Stunde des Morgens nachzuahmen versucht.*

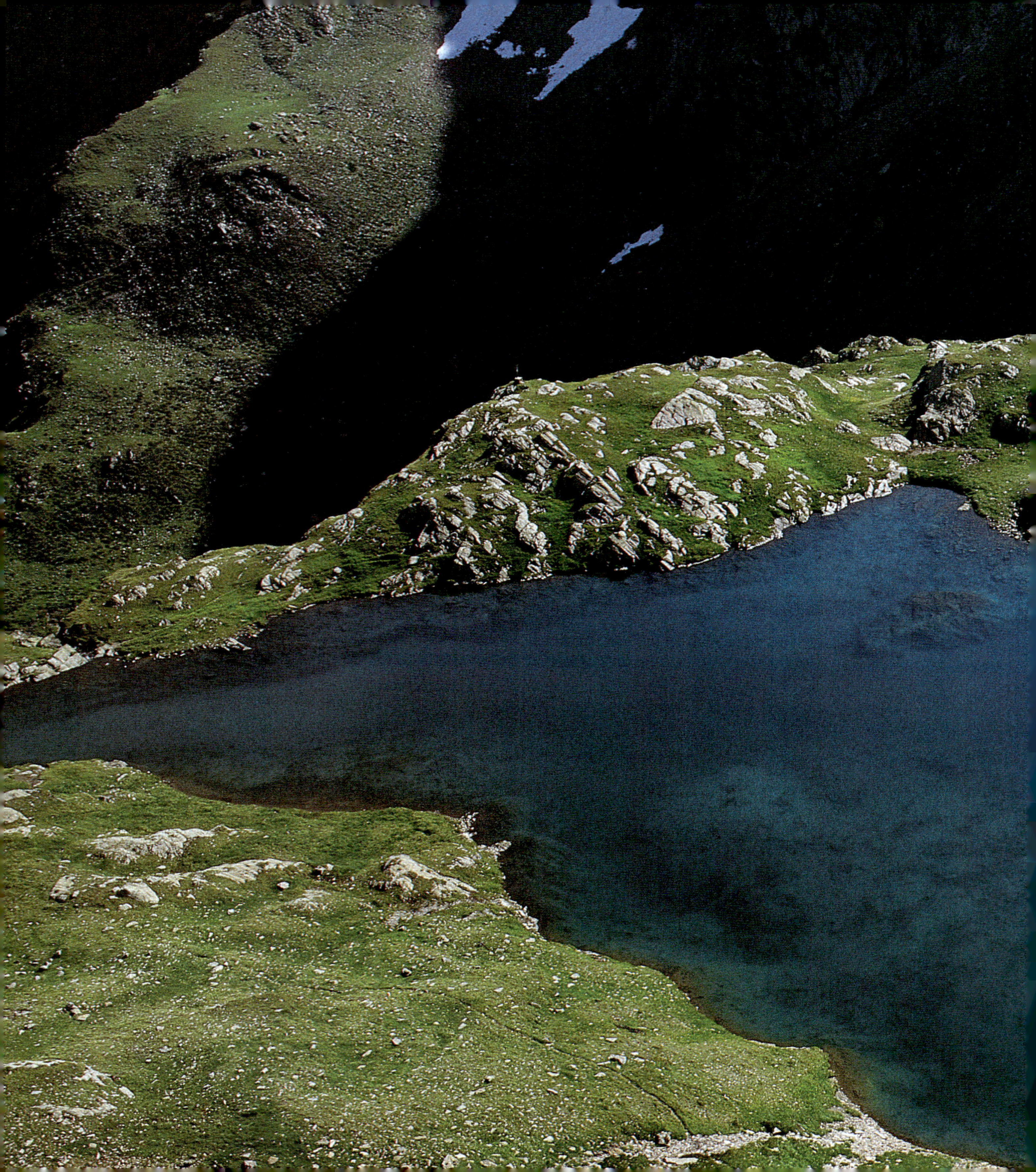

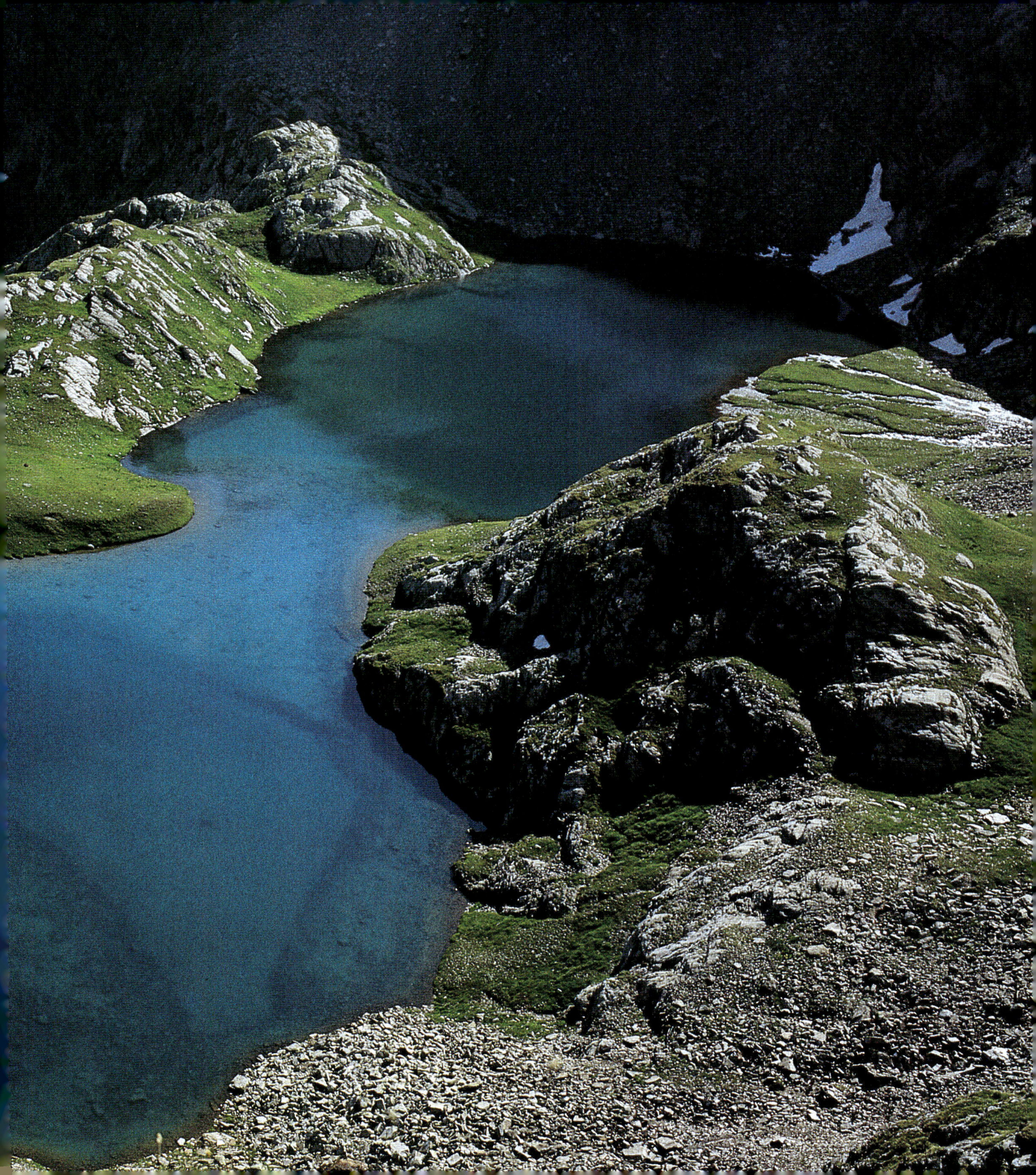

Im Grünalmtal – Wasser ohne Hast und Laut

Wo in der Fraktion Dölach, der ältesten Hopfgartner Siedlung, mit dem Mineral der Berge das perlfrische Tafelwasser erzeugt wird, steigt durch dunkelschattende Wälder das Grünalmtal mit einem 6,5 km langen Forstweg zur Dölacher Alm an. Aus der hochliegenden Talverebnung gilt es drei Hangstufen zu überschreiten, und nach insgesamt 3 Stunden erfreut uns die Rast bei der neuen Hirtenhütte, 2046 m, am Beginn der herrlichen **Bachmäander**: es sind Osttirols schönste und überaus schützenswert. Zeitlos, träge und nur widerwillig ziehen die Gewässer ab, als wollten sie diesen unwiederbringlichen Bergraum nicht verlassen, ein rar gewordener Landschaftstyp, den zu erhalten ein Appell an Herz und Vernunft ist. Die von Quellen und Rinnsalen durchäderte Verebnung bietet auch zahllosen Pflanzen einen nahrhaften Boden. Die Trollblume hebt ihre goldgelben, kugeligen Blüten empor, als sichere Behausung für kleine Insekten bei Regen und Unwetter. Ton in Ton ergänzen und verbreiten Hahnenfußblüten das in der Vorsommerzeit weithin schimmernde Feld. Muntere Bergwiesenkinder in unermeßlicher Zahl, seidig behaart, mit dem Aroma der betörenden Arten, die auch ein rauhes Menschenherz ansprechen, und solche, deren Gift aus den Wurzeln bis in das leuchtend reine Gelb der Kronenblätter steigt. Im südseitigen Abschluß des vom Bach durchflochtenen Bergtroges braust jung und weiß ein Wasserfall, das einzig Hörbare aus dem obersten Stockwerk des Grünalmtales. Eine Stunde abseits glitzern dort im unbewegten Kar der 2 ha messende und 4,7 m tiefe **Mondsee**, 2356 m, und, vom Wind silberhell durchkräuselt, etwas nordöstlicher, der gleich große, jedoch mit 11,5 m deutlich tiefere, ca. 180 m lange **Schwarzsee**, 2356 m. Beide Seen beherbergen Kümmerformen von Seesaiblingen.

Dem schroffen Bergkamm um eine halbe Stunde näher und noch vom Winterschlaf kühl und traumlos umfangen, fügt der 0,6 ha große und nur 2,7 m tiefe **Ochsensee**, 2498 m, der ergiebigen Wanderung noch das Erlebnis eines klaren Wassers auf felsigem Grund hinzu.

△ *In der Verlassenheit und auf den mit Stein hart ausgelegten Terrassen des Bocksteins verschönern einige Felstümpel die strenge und eintönig grau überfärbte Landschaft.*
Der **Ochsensee***, 2498 m, verbirgt sich etwas tiefer, nur die kleineren und namenlosen Geschwister streunen bis gegen den Kamm, wo neugierig der Blick ins durchwärmte Kristeiner Tal hinunterwandert.*

▷ *Wenn im obersten Bergtrog des Grünalmtales die großen Tage des Sommers reifen, der* **Mondsee***, 2356 m, blau und der* **Schwarzsee***, 2356 m, wie der sich verzehrende Schnee hell aufleuchtet, dann darf man die Stunden nicht zählen und der Mühe nicht achten, am Weg in die von Fels und Halden ummauerte kleine Welt, mit den flachen von Lockermaterial ein wenig angefüllten Felsbeckenseen, in kontrastreicher Ergänzung zu den Bachmäandern ein Stück tiefer und zum eisbedeckten* **Ochsensee***, 2498 m, in den winterlichen Stockwerken darüber.*

◁ *Eine geduldige Natur hat das Puzzle zu einer samtweichen, moosgrünen Aulandschaft gefügt, in Ordnung und Harmonie: kein Allerweltsland, ein in dieser Ausweitung für Osttirol einmaliges Stück Erde.*

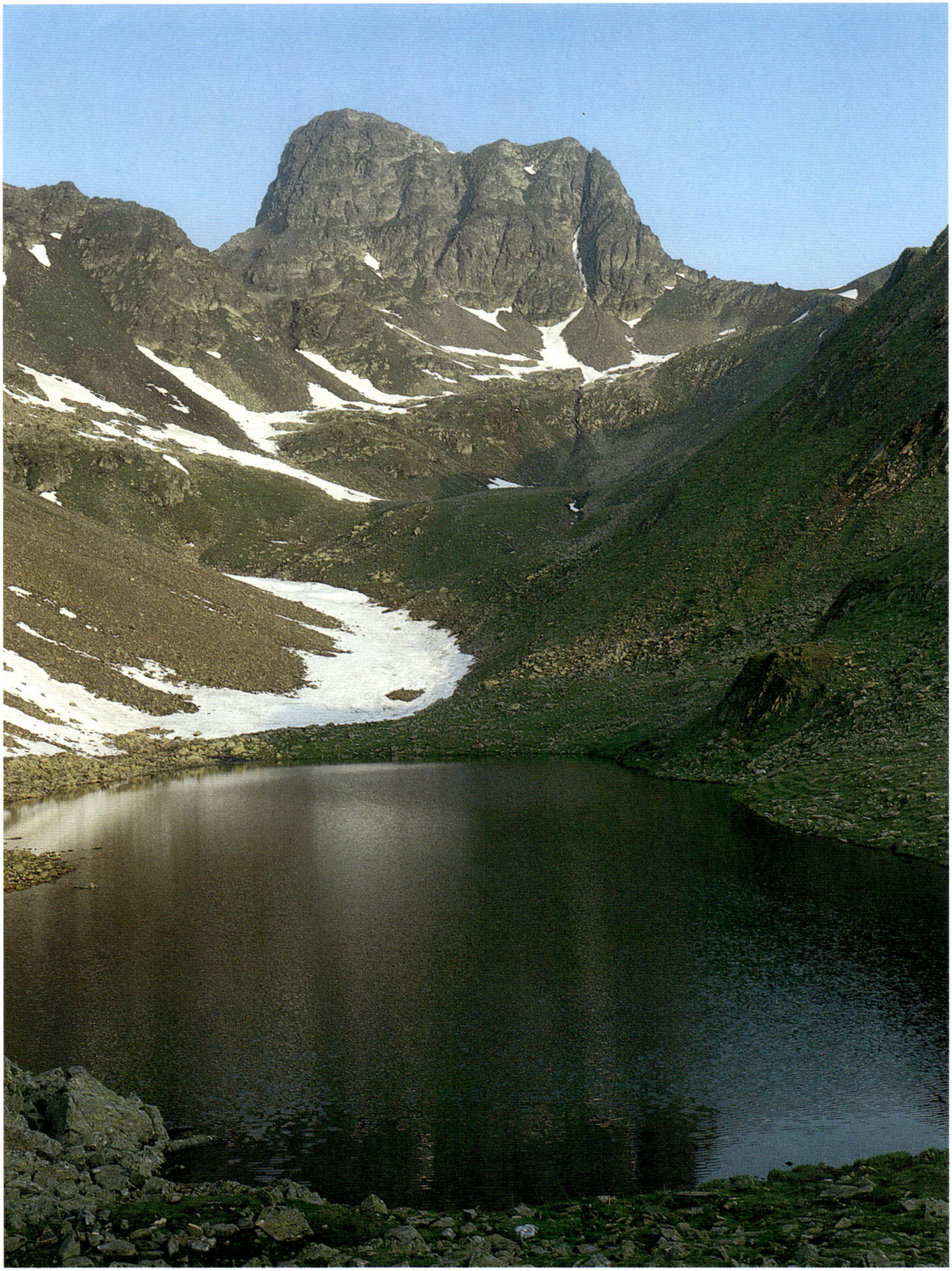

Almen, Seen und bekannte Felsgipfel im Michlbachtal

Achtmal kann man bei der Suche nach Bergseen im Michlbachtal fündig werden. So viele zählt nur noch das Villgrater Ainathal, wo sie auf relativ engem Raum zusammenrücken und mit etwas Ausdauer an einem Tag besucht werden können. Im Michlbachtal wären 3 volle Tage notwendig, um den im Talschluß und in den Kammsenken versteckten, sorglos träumenden Seen die Aufwartung zu machen. Bei Ainet im Iseltal lenkt die Straße nach Schlaiten und in die Fraktion Göriach. Ein Forstweg streckt sich weit in das Michlbachtal, zur ehemaligen Klosterfrauenalm und bis in den Talschluß beim Michlbach. Ihm zur Seite führt die Markierung in ins-

◁ *Der **Zagoritsee**, 2343 m, mit dem bekannten, scharfen Profil des Bocksteins. Ein dunkles Auge unter dem Felsenhelm, ein Schönheitspflästerchen im begehrlichen Antlitz, ein Brillant im moosfarbenen, gegen das Michlbachtal ausschwingenden Kleid. Eine alte Bezeichnung spricht vom „Zogarinthsee in Milpach", woraus der Name Zagoritsee im Michlbachtal entstanden ist.*

▽ *Zum **Unteren Ganitzsee**, 2499 m (Bild links), und zum vom Schnee ausgekühlten **Oberen Ganitzsee**, 2605 m (Bild rechts, Text auf Seite 106), führt vom Ende des Michlbachtales über 500 Höhenmeter ein steiler Anstieg, der müde und glücklich macht.*

gesamt 3 bis 4 Stunden zum flach abgedämmten, mit 1,5 ha fischreichen **Zagoritsee**, 2343 m. Er gefällt durch den im Hintergrund markant aufstrebenden Bockstein, von dessen 2805 m hohen Gipfel man Einblick in drei große Täler der Defregger Alpen hat. Dem Berg östlich zu Füßen schmiegt sich der kleine, kreisrunde **Bocksteinsee**, 2526 m, in ein enges Kar. Beim erwähnten Michlbach im Talschluß setzt, 500 Höhenmeter messend, der große Südhang zum zerhackten Ufer des **Unteren Ganitzsees**, 2499 m (Bild Seite 105), an, während beim **Oberen Ganitzsee**, 2605 m (Bild Seite 105), der Sommer noch Mühe hat. Ersteigt man weiterhin in nördlicher Richtung das ebenmäßige Schneideck, 2755 m, dann belohnt der insgesamt fünfstündige Aufstieg mit der Entdeckung eines verwaisten Karsees im rostfarbenen Schutt des Hohen Stierbühel.

Ein noch raffinierteres Versteck hat sich der sogenannte „Walische See" nordwestlich der Gelenkscharte ausgesucht, ohne Steig und besser aus dem Wilfernertal aufzusuchen. Dies gilt ebenso für die Mundsalseen (Seite 112), auch Michlbacher Lacken genannt. Das Michlbachtal weist noch zwei leichter zugängliche Bergseen auf. Der eine klein und am Rotsteinkamm, ca. 2300 m, 20 Minuten über dem Schlaitner Tor und etwa 1 Stunde vom Doppelgipfel des leicht ersteigbaren Rotsteinberges, 2696 m, entfernt, der andere mit selten schöner Ausstattung am Naßfeldboden. Zu diesem besonders eindrucksvollen und malerischen See am Naßfeldboden lädt eine Bergstraße beim Steinbruch in St. Johann ein. In vielen Kehren gelangt man zu den beiden Berghöfen auf Michlbach, 1280 m. Eine Forststraße greift durch die Wälder bis zur Wirtsalm, 1786 m. Die abschließende eineinhalbstündige Steigetappe zum Sattele und nördlich davon zum „Naßfeldsee" muß man mit neugierigen Augen durchwandern, um nichts von der landschaftlichen Vielfalt und Schönheit zu versäumen.

◁ *Im Michlbachtal darf man die Abzweigung zum Schlaitner Tor nicht übersehen. 6 km oder nahezu 2 Gehstunden spannt sich der Forstweg dorthin und weiter ein Pfad auf den Rotstein-Nordkamm, wo auf der nächsten Anhöhe der kleine* **„Rotsteintümpel"***, ca. 2300 m, nicht mehr aus dem Winterschlaf zu wecken ist.*

▷ *Bereits der Zugang zum* **„Naßfeldsee"***, ca. 2130 m, am Naßfeldboden ist mit Überraschungen verbunden. Man ist hier der Empfangende, und etwas seltsam Entspannendes liegt über dem See und verfangen im Geäst der märchenhaft gereihten, mit den Gewittern kämpfenden Zirben. Nichts rührt sich in der Stille, auch selbst wagt man keinen Laut.*

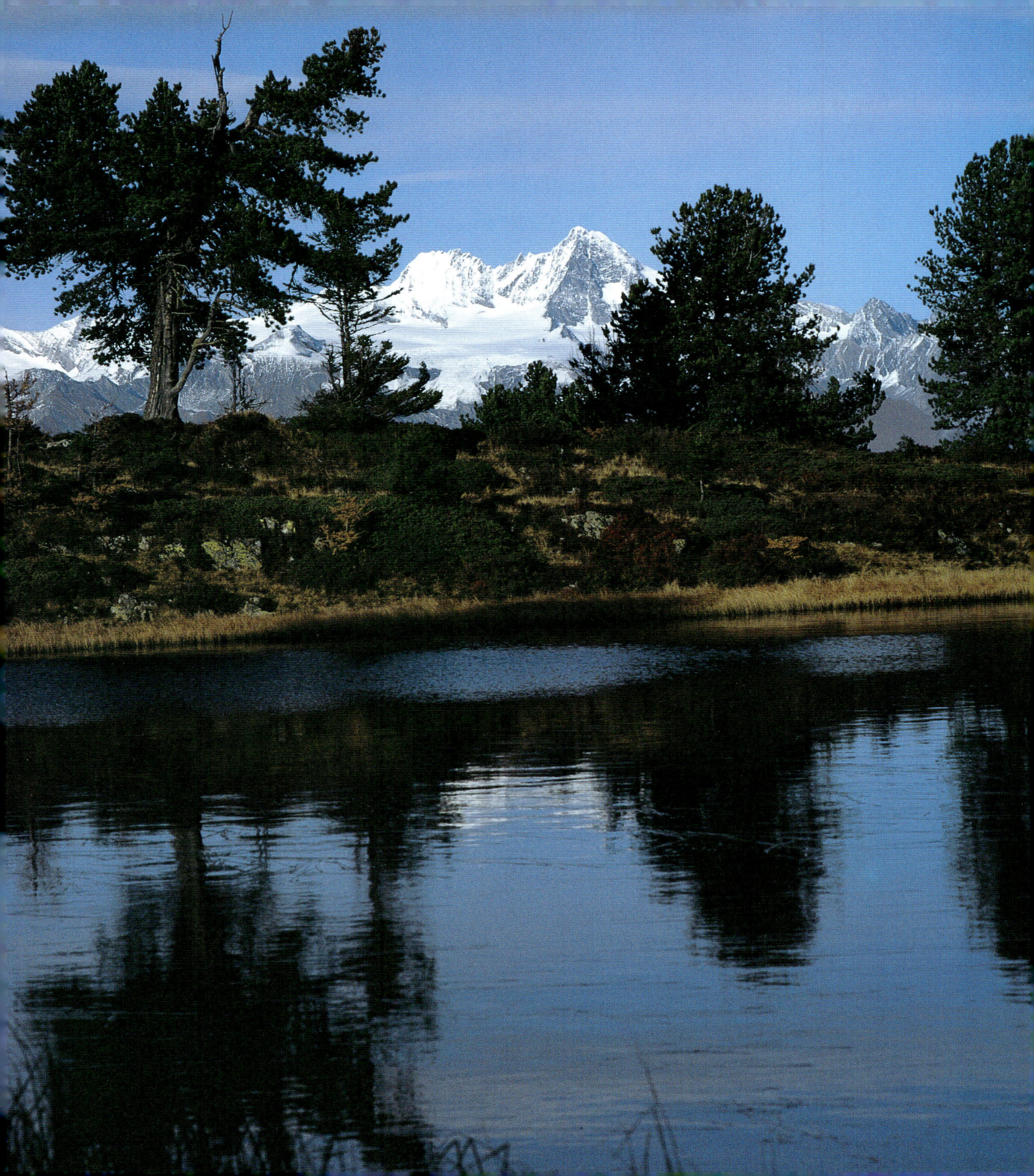

Das Pustertal und Seen auf der Südseite der Defereger Alpen

Lienz und der Hochstein: die geheimen Quellen und Seen des Bösen Weibele

Wenn der rollende Lärm auf den Straßen nur noch gedämpft an den Schloßteich heranweht, im Kronendach denkmalgeschützter Linden und Eichen hängenbleibt, vom sagenbelasteten Gemäuer des gewaltigen Bergfrieds zurückweicht und fast ins Nichts zerstäubt, genießen wir beim locker umwaldeten **Hubertussee**, 1557 m, am Hochstein Rast und Aussicht und schauen ins steinerne Herz der Dolomitenberge.

Vom Schloß Bruck erreicht man auf einem Weg, oder bequemer mit zwei Sektionen der Sesselbahn, die Sternalm, 1514 m, und etwas erhöht den neu errichteten Speichersee, gespeist vom Überschuß der Hochsteinquellen, 12.000 m^3 fassend und der Gewinnung von Kunstschnee dienlich. Am markierten Märchensteig kann man ohne Eile in 2 Stunden zur Hochsteinhütte, 2023 m, weiter aufsteigen – mit der dort freien Sicht auf das Böse Weibele, 2521 m, den Hausberg der Hochsteinhütte. Auf der mautpflichtigen Bergstraße von Lienz über Bannberg, 1262 m, kann man den Hochstein kraftsparend erreichen, um den Spuren von Quellen und Seen am Bösen Weibele leichter und schneller näherzukommen. Mit Überraschung gewinnen wir auf den steinigen und windüberstrichenen Hängen und Kammrücken etwas Einblick in den Wasserhaushalt des Bösen Weibele. Verläßt man die markierte Route bei der neuen Gampelehütte nach links, zu hochgeschichteten Steinmännern, dann werden die zahlreichen, grünumsäumten, schläfrigen Tümpel vom Rauschen der kraftvollen Markbachquelle wachgehalten. Auf einem dürftigen Schafsteig umschreitet man das Böse Weibele, bis südlich davon, der nur Penzendorfer Bauern bekannte **Bründler See**, 2295 m, den Wasserreichtum des Bösen Weibele noch nachdrücklich bestätigt. Zum **Lavantsee**, 2311 m, nordwestlich vom Bösen Weibele, fehlt noch 1 Stunde von der insgesamt dreistündigen Entdeckungsreise um den Lienzer „Wetterberg".

Der Name „Böses Weibele" rührt von den dort häufig aufziehenden Gewitterwolken her. Die alte, vergessene Bezeichnung „Strickkofel" verrät ebenfalls das „Stricken" bzw. Zeugen von gefahrvollen Unwettern.

△   *Jenseits der Draufurche und gegenüber dem **Bründler See**, ca. 2295 m, drängen sich steif die Spitzkofeltürme, eindrucksvoll und elegant dem Stil schroffer Dolomitenlandschaften nachgebaut.*

▷   *Auf der Westseite des Bösen Weibele verrät der Monstreitbach den 0,8 ha großen, unbewachten und spärlich fischbesetzten **Lavantsee**, 2311 m. Eine leicht alpin angehauchte und selten ausgeführte Tour, eine Bereicherung zu geringem Preis, schließen die nur 3 Wanderstunden vom Hochstein aus ein, ebenso die weite Sicht zum Eggenkofel und zum verschneiten Golzentipp im Süden.*

◁   *Mitten in den Hochsteinwäldern und dem spitz geflammten Laserzstock gegenüber wurde im Herbst 1994 ein Speichersee angelegt, der mit Hilfe der Sesselbahnen mühlos erreicht werden kann und sich als gefälliger Ruheplatz einen Namen macht, wenngleich er selbst länger um seinen Namen rang. Als **Hubertussee**, 1557 m, erinnert er an den Patron der Jäger und den Altbürgermeister von Lienz.*

Von der Pustertaler Höhenstraße zu den versprengten Seen im Wilfernertal

Zur Pfarrkirche nach Oberthal durchmißt die Dorfstraße Siedlungsgebiet der Gemeinde Assling. Sie kreuzt die Pustertaler Höhenstraße und dringt in das Wilfernertal ein. Bis zum Pedretscher Kaser, 1717 m, am Zusammenfluß von Gamper- und Thalerbach ist die Benützung des Autos erlaubt. Auf dem nächsthöheren Almboden stehen einige Hütten verstreut, und beim Jakober Kaser, 2014 m, setzt sich der Steig zur **Wilfernerlacke**,

▷ *Eine verzauberte Morgenstunde: Die* **Gritschseen (Lacken)**, *ca. 2200 m, im Quellgebiet des Warscherbaches. Wer im Wilfernertal den Compedal und Thulnkogel kennt oder am Wegende beim Tschicker Kaser war, weiß um die Gritschseen Bescheid und um deren slawische Namenswurzel, die auf Hügellandschaft hindeutet. Die Reisachspitze bietet sich als leichtes Gipfelziel an.*

▽ *Der Name „Wilferner" (Wilfernerhof, -säge, -bach, -tal) begleitet uns bis zur fernen* **Wilfernerlacke**, *ca. 2215 m, im gleichnamigen Tal und auf den Südhängen des Rotsteinberges. In der riesenhaft anmutenden Weite der Bergtröge wirkt die verhalten schimmernde Wilfernerlacke doppelt klein. An ihr vorbei leitet die Markierung auf den unschwierigen Rotsteinberg.*

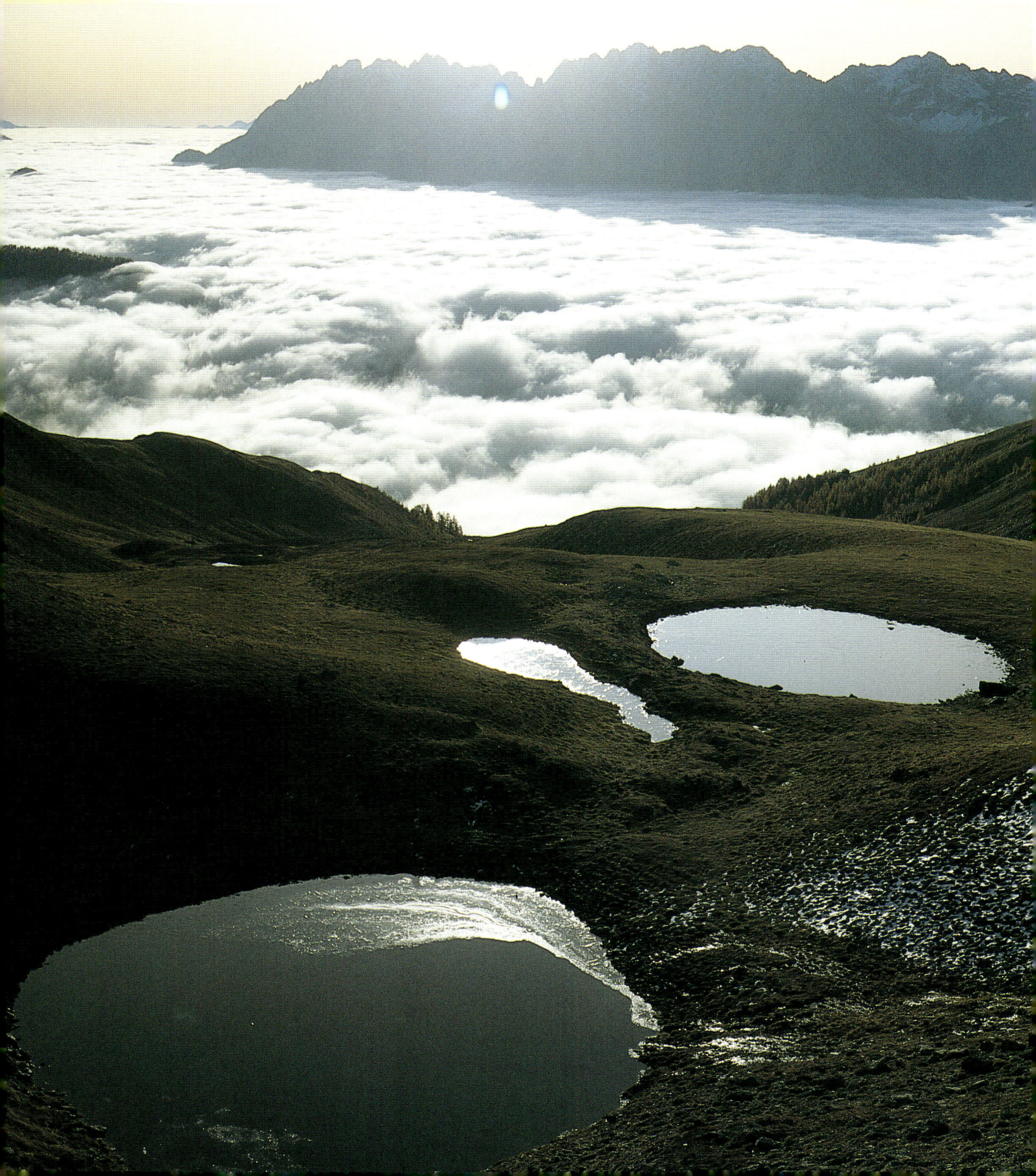

ca. 2215 m, fort, die nach 2 Stunden, von Sand und sumpfigem Lehm umglättet, erreicht wird. Schon längst sind im Hintergrund der Rotsteinberg und die Mundsalspitze ganz nah herangetreten, und kräftigen Armen gleich halten die Grate das Tal umschlungen und die kleine, seichte Wilfernerlacke eingesperrt.

Ein freies, wenn auch gegen die Nord- und Westwinde ungeschütztes Dasein ist den **Mundsalseen** (Michlbacher Lacken), 2503 m, beschieden, am Kamm zwischen Mundsal- und Zarspitze, mit der Aussicht nördlich ins Michlbachtal und bis hin zum Großglockner am Alpenhauptkamm. Im höher gelegenen, etwas kleineren Mundsalsee tummelt sich ein geringer Besatz von Seesaiblingen, die im unteren, tieferen See fehlen.

Die **Mundsalseen** *(Michlbacher Lacken), insgesamt drei, der höchste 2503 m, auch in der Sommermitte noch mit Schnee gekühlt, liegen nah der Mundsalscharte, 2530 m. Vom Pedretscher Kaser (Seite 110) führt der Weg zum Gamper Kaser, 1963 m. Eine lockere Markierung leitet neben dem Bach zu der im Norden gelegenen Mundsalscharte. Drei Stunden geht es durch eine bucklige Welt, über grüne Hänge und durch graue Kare zu blauen, ganz einsamen Seen. Über das Michlbachtal tastet sich das Auge bis zu den eisigen Hohen Tauern am Horizont.*

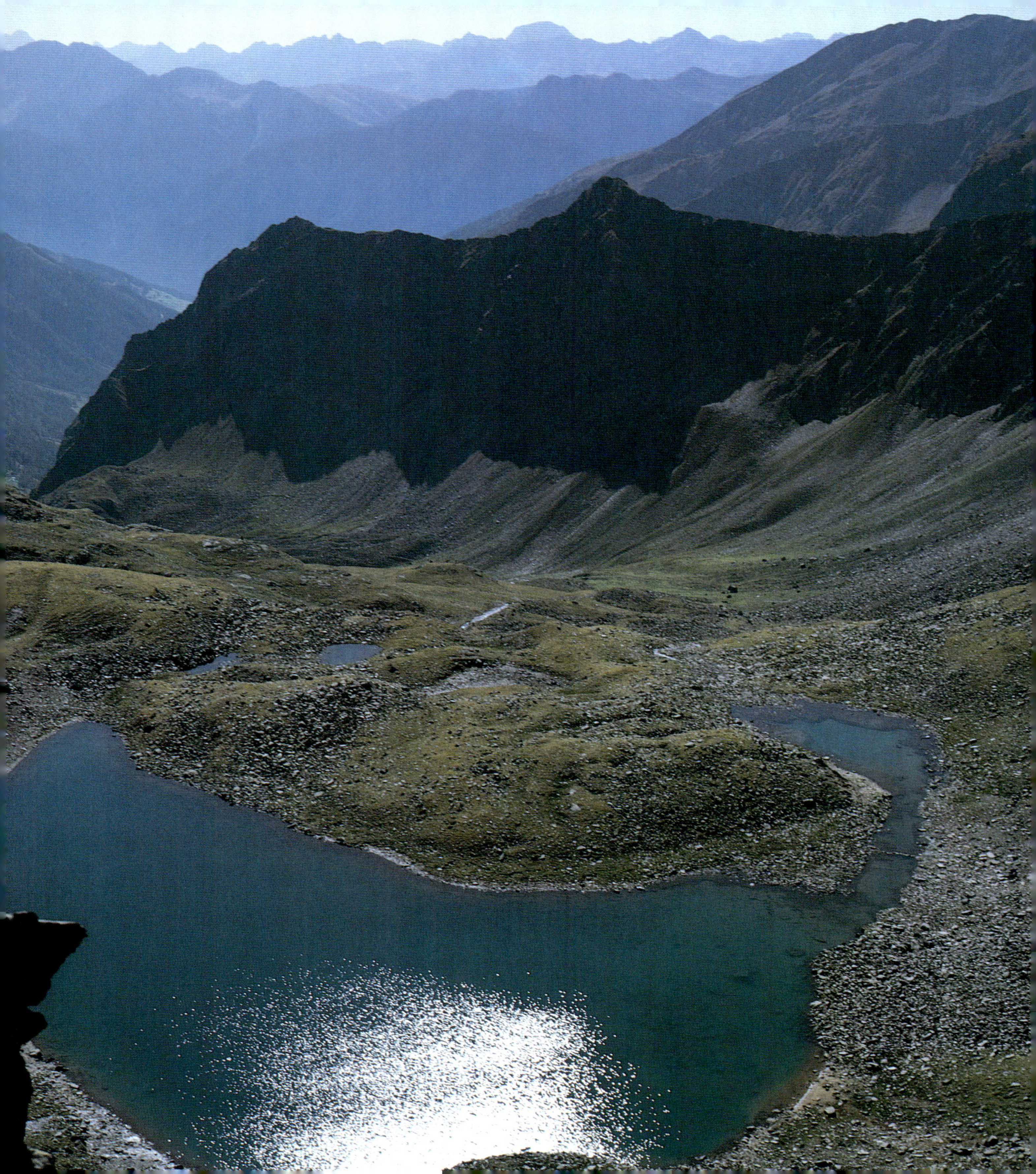

Das Erlebnis Kristeiner Tal

Bedächtig und in vielen Nuancen kehrt der Sommer in das schönste Tal der südlichen Defereggher Alpen ein: mit der ersten Blüte im Mai, mit weißem Krokus im noch feuchten, fahlen Braun, mit gelbem Löwenzahn und Hahnenfuß in ihrem Element, dicht und mit Blüten wie goldene Münzen. In Mittewald, ein in der Drautalsohle einliegender Teil der Gemeinde Assling, lenkt die Straße in das Kristeiner Tal, vorbei an der exponiert auf einen Felshügel gestellten Pfarrkirche der hl. Justina. Sie präsentiert ein bedeutendes Kapitel der Osttiroler Kunstgeschichte im bezaubernden Kontrast zu naturkundlichen Feinheiten des Kristeiner Tales. Beim höchstgelegenen Hofmanngehöft, 1394 m, leitet der Fahrweg flach taleinwärts bis zum Parkplatz am Ende der schutzwürdigen Kristeiner Möser. Erst ein Stau hinter einem linksufrigen Schuttkegel hat dieses „Naturdenkmal" geschaffen, das von zunehmender Verlandung verändert wird, mit Übergangsstufen vom Flachmoor zu Hochmoorblüten. Wo der Celarwasserfall über eine Waldstufe grollt und sein endloses Brausen von harzsüßem Atem des Bergwindes weit ins Tal getragen wird, führt nördlich ein steiler Weg zur Gölbnerblickhütte und in weiterer Folge ein Steig in die verwinkelte Karlandschaft des Gölbners. In einer geräumigen, mit Blöcken grob überstreuten Mulde erwartet uns der **Seealplsee**, 2275 m, 2½ Stunden vom Parkplatz, 1½ Stunden von der Gölbnerblickhütte entfernt. Ein nicht immer verläßlicher See, wenn über zu lange Sommerwochen die Sonnenflammen ihn begierig aufsaugen. Vom Austrocknen unbeeindruckt bleibt der in einem finsteren Nordkar nah dem Rappler sich verbergende **Schwarzsee**, ca. 2650 m. Um der sich wiederholenden Seebenennung im Kristeiner Tal, zwei Schwarzseen in einem Tal, vorzubeugen, empfiehlt sich eine Namensänderung. So könnte beispielsweise der südlich der Wetterspitze und östlich vom felsigen Rappler gelegene Schwarzsee als „Wetterspitzsee" überschaubarer aus dem Reigen und der Häufigkeit der Schwarzseen entbunden werden. Ihn in seinem Versteck zu überraschen, gelänge besser von der glattgekämmten Königswiese aus, wenn man den 500 Höhenmeter mühsamen Haldenanstieg nicht einem Besuch des 1,7 ha großen **Sichlsees**, 2497 m (Seite 113), vorzieht, der auf markiertem Rasen- und Blocksteig leichter und weniger steil in insgesamt 3 Stunden zugänglich ist.
Ein zweiter **Schwarzsee**, ca. 2530 m, im Kristeiner Tal duckt sich in der Südwestflanke des Bocksteins. Ihn zu besuchen, erleichtert ein markierter Trittpfad, der bei den obersten Heuschupfen, am Beginn der Königswiese ansetzt und nach insgesamt 3 Gehstunden das Geheimnis lüftet.

◁ *Der **Sichlsee**, 2497 m (Seite 113), vom Reflex des Sonnenlichtes zuckend erhellt und heiter durchdrungen, krümmt sich im höchstgehobenen Bergkar des Kristeiner Tales. Wenn man der Phantasie lose Zügel läßt, mag die Form einer Sichel gut erkennbar sein. Hirten, erste Bergsteiger und Landvermesser haben, von Fauna, Flora und von den örtlichen Gegebenheiten ableitend, der Landschaft ihren Namen gegeben. Kein Zusammenhang besteht mit dem Wappen der Gemeinde Assling, das auf einem in Rot und Silber gespaltenen Schild zwei farbverwechselte Sicheln zeigt, die auf ehemals reichen Kornanbau auf Heimgutflächen hindeuten.*

▷ *Das Kristeiner Tal wird auch als Burger Tal bezeichnet, bezugnehmend auf die Katastralgemeinde Burg-Vergein. Von deren Bewohnern stammt auch der Name **Schwarzsee**, ein in Moränen eingekesselter, ca. 2530 m hoch liegender See am Normalaufstieg zum Bockstein, 2805 m. Ein Jungbrunnen, der den Arnhörnern, 2800 m, an besonders klaren Tagen Frische und Schönheit verleiht und uns die Kraft schenkt, auf markiertem ausgetretenen Pfad das Felsdach des formschönen Bocksteins zu betreten.*

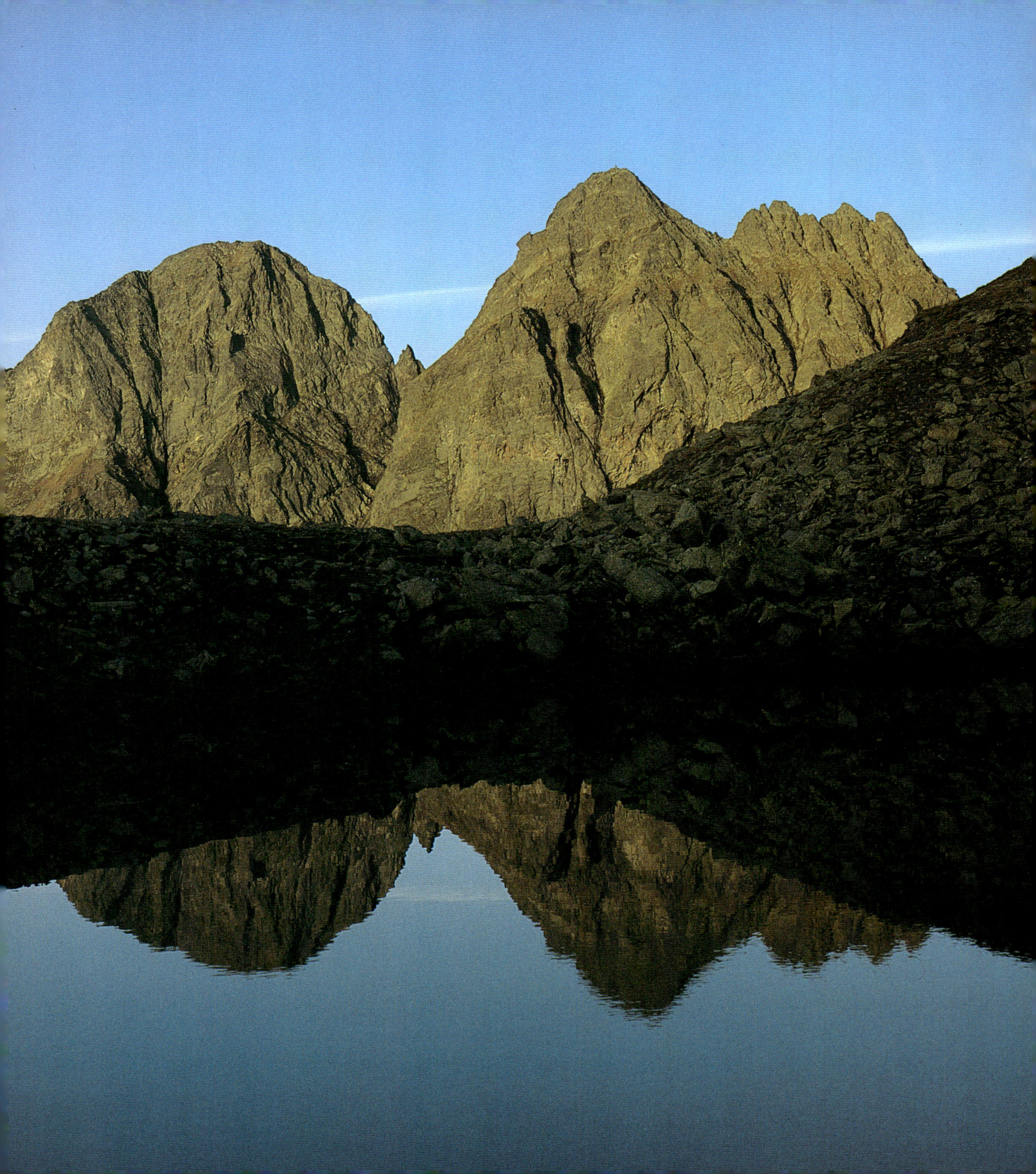

Seen in der Sonne des Gumriauls

Anras, 1261 m, eine Gemeinde im mittleren Pustertal und auf der eiszeitlichen Sonnenterrasse, ist durch seine bevorzugte Lage seit über 2000 Jahren besiedelter Raum. Die Pfarrkirche St. Stefan, vor allem aber das Wahrzeichen von Anras, das behäbige Pfleghaus, deuten auf eine ehemalige Rätersiedlung hin. Flurnamen künden von einer späteren Romanisierung, weisen in der Folge aber auch auf bajuwarischen und slawischen Einfluß hin.

Nach Prof. Dr. Hornung ist Anras ein indogermanischer Name, der mit „Auf entwaldetem Platz" zu übersetzen ist. Die Ortsbezeichnungen hat man bis in die Sonnenhänge des Gumriauls, 2918 m, getragen, um den 2,3 ha großen und mit Fischen besetzten **Anraser See**, 2538 m, und den mit 1 ha etwas kleineren **Ascher See**, 2532 m, damit zu beehren. Einen **Grünsee**, 2578 m, lernt man kennen, und von geringerer Bedeutung sind ein **Dürresee** und ein mit Lehm umschmierter **Lettesee**. Der Anraser See ist direkt von Anras über den Bergbauernweiler Kobreil und durch den großen Anraser Wald zugänglich. Die Hinweise „Holzwiesen", „Moosanger" und „Gumriaul" sind richtungsweisend. Die rote Markierung lenkt auf die sonnige Hügellandschaft der Anraser Alm zu, wo, durch die Höhenlage bedingt, die Bäume ringen und kämpfen und zur Rechten allmählich der Finsterkogel aufsteht. Umbaut von grünen Rücken und steinbedeckten Halden liegt der Anraser See geschützt und nach dreieinhalbstündiger Gehzeit landschaftlich schön zu Füßen des Gumriauls. Dort hinauf wären noch 1½ Stunden, lohnend und gebeizt mit würziger Höhenluft, anzufügen.

*Der **Anraser See**, 2538 m, mit dem Finsterkofel, 2634 m, im Hintergrund schmückt mit weiteren anderen Bergaugen die südlichen Hangterrassen des Gumriauls, 2918 m. Ein relativ langer Zugang berührt Schönes am Weg und bei den Seen. In Peter Anichs Karte ist der Anraser See als „St. Johanns See" verzeichnet und um 1803 noch im Besitz des Hochstiftes Brixen. Erst ein amtliches Verzeichnis von 1901 zählt ihn und die anderen Seen der Gemeinde Anras zu.*

▷   Der **Grünsee**, 2578 m, an dessen anstreifendem Ufer geknäulte Büschel atmen, hütet den Ursprung des Margarethenbaches, der die Agrargemeinden Anras und Asch trennt. Er liegt zu Füßen des mit Rasenflecken und braunen Halden verkrusteten Gumriauls, 2918 m, und zwischen Anraser und Ascher See. Will man den weniger auffälligen Grünen See suchen und finden, dann nützt der zum Anraser See führende Steig.

▽   Der von weiteren Erschließungsplänen bedrohte **Ascher See**, 2532 m, ist von der kleinen Siedlung Goll und durch die weiten Ascher Wälder anzusteuern. Ein breiter Weg endet bei drei Ferienhäusern hoch auf der Ascher Alm, und ein markierter Steig führt in insgesamt 4 Stunden zum vorwinterlich mit Schnee umhüllten, zufrierenden, 1,4 ha großen Ascher See, zu dem die Sonne, von Süden her, durch Talnebel und Wolken bricht und kalt am Eis abgleitet. Mit der Auffahrt in den weiträumigen Ascher Wald läßt sich der Zugang zu den Bergseen etwas verkürzen.

Mit Kindern zu den Tessenberger Seen

Tessenberg, 1341 m, vor 1974 noch eigenständig und jetzt der Gemeinde Heinfels einverleibt, liegt sonnig an der Pustertaler Höhenstraße, beiderseits des Tessenberger Baches. Die früheste urkundliche Erwähnung von „Tessenperch" geht auf das Jahr 1266 zurück, während das beherrschende, geschichtsträchtige Schloß Heinfels, das der Gemeinde den Namen gibt, um 1300 erstmals erwähnt wird.

An der gotischen Pfarrkirche von Tessenberg schlängelt sich der Almweg vorbei, und durch lichte Lärchenwälder, in denen kupferfarbene Abraumhalden von längst erloschener Bergbauzeit berichten, darf man auf eigene Gefahr bis zur Tessenberger Alm emporfahren. Das läßt den Weg zu den **Tessenberger Seen**, 2126 m, auf 1 Stunde schrumpfen, eine auch kleinen Bergsteigern leicht zumutbare, abwechslungsreiche Strecke mit Lärchenexemplaren uralter Herkunft, mit bunten, zähen Sträuchern auf hügeligen Flächen. Bald vermag der Blick alles zu umfassen, was die Tessenberger Almlandschaft an Vielfalt bereitwillig darbietet und auf anziehende Weise mischt: drei Seen, die sich wie stahlblaue Scheiben zwischen sanften, welligen Hügeln verteilen, Berge, die am Himmel sägen und mit der Dreischusterspitze nach ihm greifen. Doch das fühlbar Schöne in dieser unzerstörten, parkähnlichen Natur im Braun und Gold der letzten Herbsttage ist die große Stille, der auch Kinder beim munteren Spiel am Ufer des Wassers nichts anhaben können, denn die Alm ist weit und der Himmel darüber gütig.

◁ *Mit den **Tessenberger Seen**, 2126 m, schließt der Rundgang durch die Deferegger Alpen. Im Westen gruppieren sich, kühl und verschneit, die Villgrater Berge, wo sich die Seenvisite mit eindrucksvollen und stets neuen Entdeckungen fortsetzen läßt.*

▷ *Zur prachtvollen Kulisse unter Südtiroler Himmel erhebt sich die angezuckerte Dreischusterspitze, 3152 m. Einer der vielen, namhaften Gipfel im weiten Rund, die von den **Tessenberger Seen** im herbstlichen Licht auf gebräunten Matten und hinter stumpfen Rücken sichtbar sind, von dort, wo sich zottiger Wacholder zu stockigen Inseln zusammenrottet.*

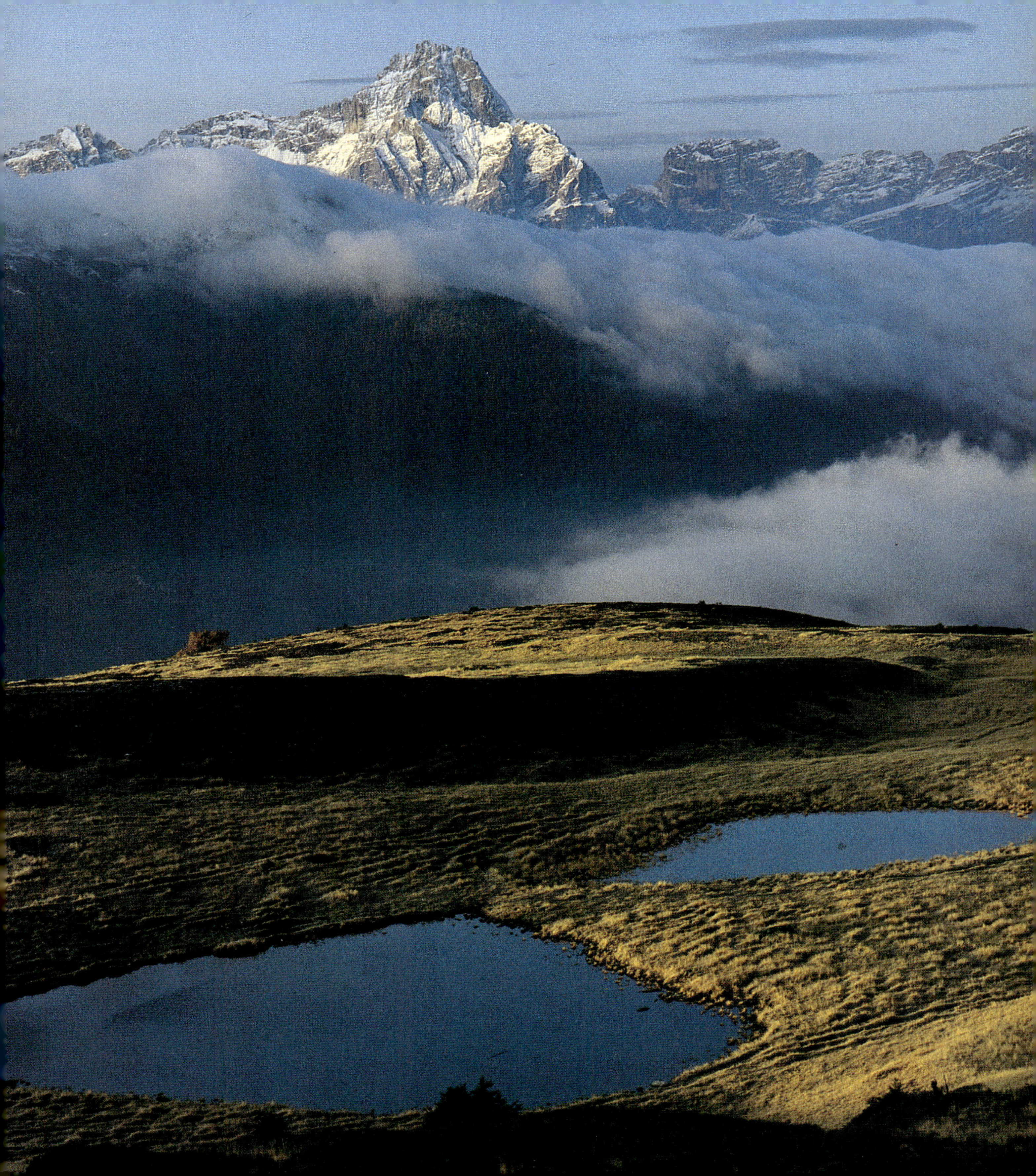

Wo die Villgrater Berge ihre Seen hüten

Herrliche Tage im Arntal

Schloß Heinfels bewacht den Zugang in das Villgratental zu den Hauptorten Außer- und Innervillgraten. Geschichtlich reicher und von größeren Gemeindegrenzen umschlossen ist Innervillgraten, 1402 m, mit dem Ortskern am Schuttkegel des Ainathbaches, um die domartige St.-Martins-Kirche geschart. Mit den vielbeachteten Veranstaltungen im Rahmen der Villgrater Kulturwiese hat sich auch ein Fenster auf die Vielfalt, auf die Wirklichkeitsnähe des bäuerlichen Lebens im Villgratental geöffnet, dabei keine Einschränkung einer kritischen Zukunftsbetrachtung duldend. Neigt man oft zu sehr dazu mit Leichtem, Beschwingtem, Romantischem die in jedem Tal auch vorhandenen Sorgen und Nöte zu übermalen, dann sei um Verständnis ersucht, wenn auch dieses Buch nur dem Schönen auf der Spur ist, den Bergseen, denen die Unruhe der Täler kaum nahe rückt, sie nicht ernstlich bedrohen kann, denn die Natur selbst sorgt mit steilem, kantigen Relief und meist großen Distanzen für deren nachhaltigen Schutz.

Der **Schwarzsee**, 2455 m, der mit 3 ha größte in den Villgrater Bergen, ist von Sagen umwogen. Die Untere Staller Alm, 1664 m, im inneren Arntal ist der Ausgangspunkt, und in 3 Stunden bleibt auch Zeit für einen Blick neben den Steig, der sich in vielen Kurven die Höhe emporzieht. Der Klapfbach rumort zur Rechten in einer Schlucht, während links wogende Latschen mit schlangengeschmeidigen Armen eine mehr als mannshohe, grüne Decke über Steine und Schotter breiten. Über steil geneigte Felsabsätze windet sich der Steig hinauf zum Schwarzsee, der von der Riepenspitze überbaut und von den Gsieser Lenken umschartet ist.

▷ Der **Schwarzsee**, 2455 m, ist der Schönste des Villgratales. Dagegen ist der **Unholdensee**, ca. 2410 m, der noch weiter abseits im Arntal liegt, unbekannt und klein, und daher in diesem Buch mit keinem Bild bedacht.

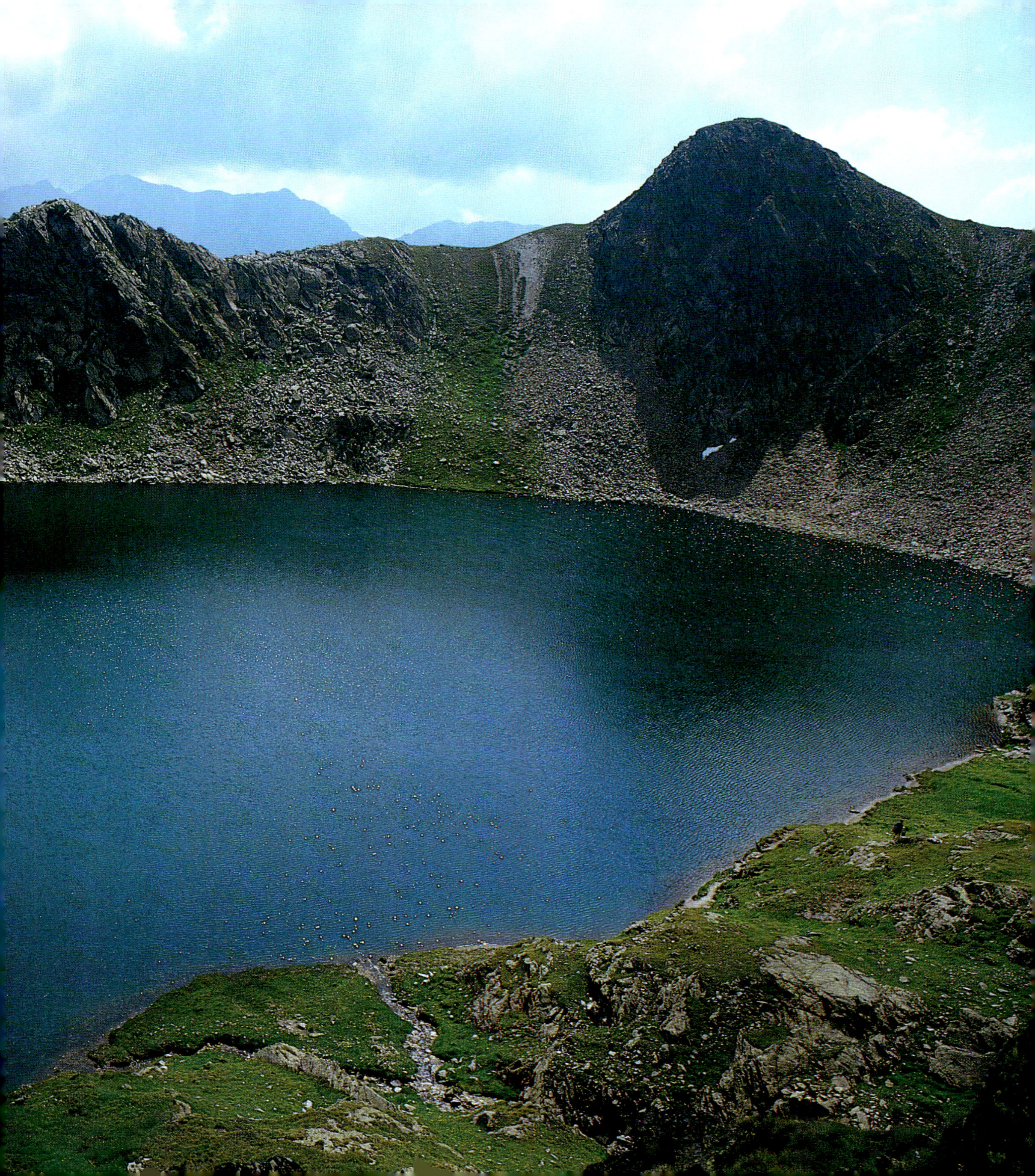

Das Rote Kinkele und acht Bergseen im Ainathtal – zwei im Kessetal

Schmal und steil schneidet das Ainathtal zwischen Grumauer Berg westlich und dem breit gewachsenen Gabesitten östlich ein. Die Erhebungen verbinden sich zu einem weitgeschwungenen Bergkranz und bilden den Rahmen für das ruhige Bild mit den Bergseen hoch in den Rasen- und Felskaren der Villgrater Sonnseite. Das Ainathtal und der schnelle gleichnamige Bach münden direkt bei Innervillgraten, wo auch der Zutritt in das Tal erfolgt. Die Thaletalm, 1810 m, wird nach 1 Stunde erreicht. Bei den Mehrstockgebäuden zweigt ein Steig zu den sterbenden,

▽ Um die zwei flächenmäßig größeren der märchenhaften **Sieben Seen**, 2569 m, rücken die kleineren lose und relativ dicht zusammen, sieht man von einer störrischen Ausnahme, dem **Oanlatzsee,** ab, dessen Name soviel wie „Einzelsee" bedeutet. Einheimische wußten die Seen zu benennen: **Mauerer-**, **Weit-**, **Wildeggen-** und **Plattasee**. Die beiden **Butzen** liegen etwas östlicher, der erwähnte Oanlatzsee 1 km westlich. Vom See mit dem Steinmann sind es 15 Minuten zum höheren, ähnlich großen auf 2569 m Seehöhe.

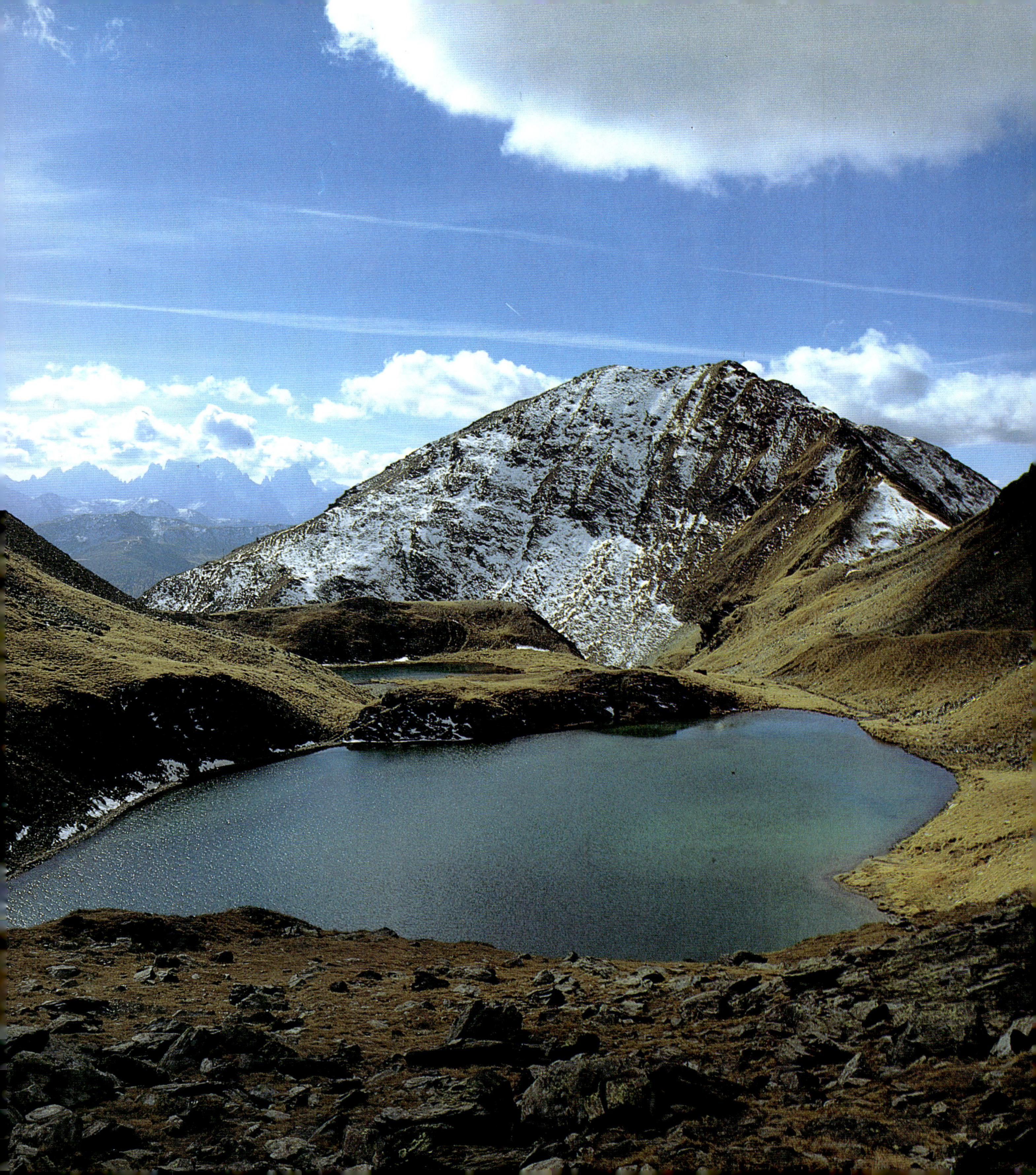

mumifizierten Mühlen am Ainathbach ab und leitet durch hochstämmigen Lärchenwald zur Ahornalm, 1922 m. Die Markierung führt weiter auf eine Bergschulter und an Hängen entlang zum im Fels eingefrästen Grafer Bach, bis schließlich über Rasenrücken der mit Steinen gerandete **Untere** und eine flache Geländestufe höher der **Obere Kessetaler See**, 2437 m, nach 3½ Stunden insgesamt, Gestalt annehmen.

Zum **Remessee**, 2545 m (Seite 123), ist im Ainathtal auf die Abzweigung bald nach der Schmiedhoferalm und nach der Talenge zu achten. Ein Steig windet sich steile Bergwiesen empor, vorbei an einzelnen Heustadeln auf scharfen Hangkanten. Später zeigt der Abfluß vom Remessee die Richtung an, sodaß man zuerst den kleinen, dann den großen Remessee, landschaftlich großartig zwischen Rotem Kinkele und Hochstein gelegen, nach einer Gesamtzeit von 4 Stunden entdecken kann. Auf das Rote Kinkele, 2763 m, fehlt noch ca. eine ¾ Stunde. Mit gleichem Zeitaufwand sind die **Sieben Seen**, 2569 m (Seite 122), ein lohnendes Ziel. Hier gilt es, das Ainathtal bis ans Ende der flachen Hochtalsohle auszuschreiten, bis nach einzelnen Stadeln die Markierung neben einem vermoosten Steinriegel aufwärts lenkt. Auf sonnigen Schafweiden stehen einige Heuhütten und später ein Hirtenunterstand. Endlich sind die welligen Terrassenböden erreicht mit den südlich der Ainathlenke verstreuten Sieben Seen, die, verschieden in Namen, Farbe und Form, erlesene Rastplätze am „Weg" zur Hochgrabe, 2951 m, sind. Dieser bekannte, breit geschulterte Aussichtsberg schickt helle Rinnsale zu den Sieben Seen, wo sie, gefiltert durch Erde und Stein, auch etwas von der Botschaft der Berge in das Seewasser träufeln.

◁ *Der **Remessee**, 2545 m (Seite 123), überrascht durch seine herrliche Lage und läßt auch durch seine Schönheit bald den großteils steilen Aufstieg vergessen. Obwohl eingeschlossen zwischen Hügeln und Gipfelpyramiden, wirkt er frei und bietet erfreuliche Ausblicke, die sich vom nahenden Winter am Rücken des arg zersplitterten Grumauer Berges, 2670 m, nicht irritieren lassen.*

◁ *Die uneinheitliche Schreibweise, die das Kessetal und die Almen berührt, macht auch vor den **Kessetaler Seen** nicht halt, wenn sich zu dem auch **Unterer See** benannten Kessetaler See ein Käsetaler, Kässertaler oder ein Kessertaler See hinzufügt. Somit schien es notwendig, an Ort und Stelle den richtigen Namen festzuschreiben – für immer – zumindest bis zum nächsten Schneefall.*

▷ *Der Untere und Obere Kessetaler See, 2437 m, im Kessetal sind die Schmuckstücke in der von Rasen und Bergblumen übersäten, welligen Hochebene, im Quellgebiet des Grafer Baches. Der **Untere Kessetaler See** (Seite 123) ist der etwas größere und teils von Fels fest ummauert. Nur nach Süden verschmilzt das gesänftigte Ufer mit den dunklen Waldungen der Villgrater Schattseite.*

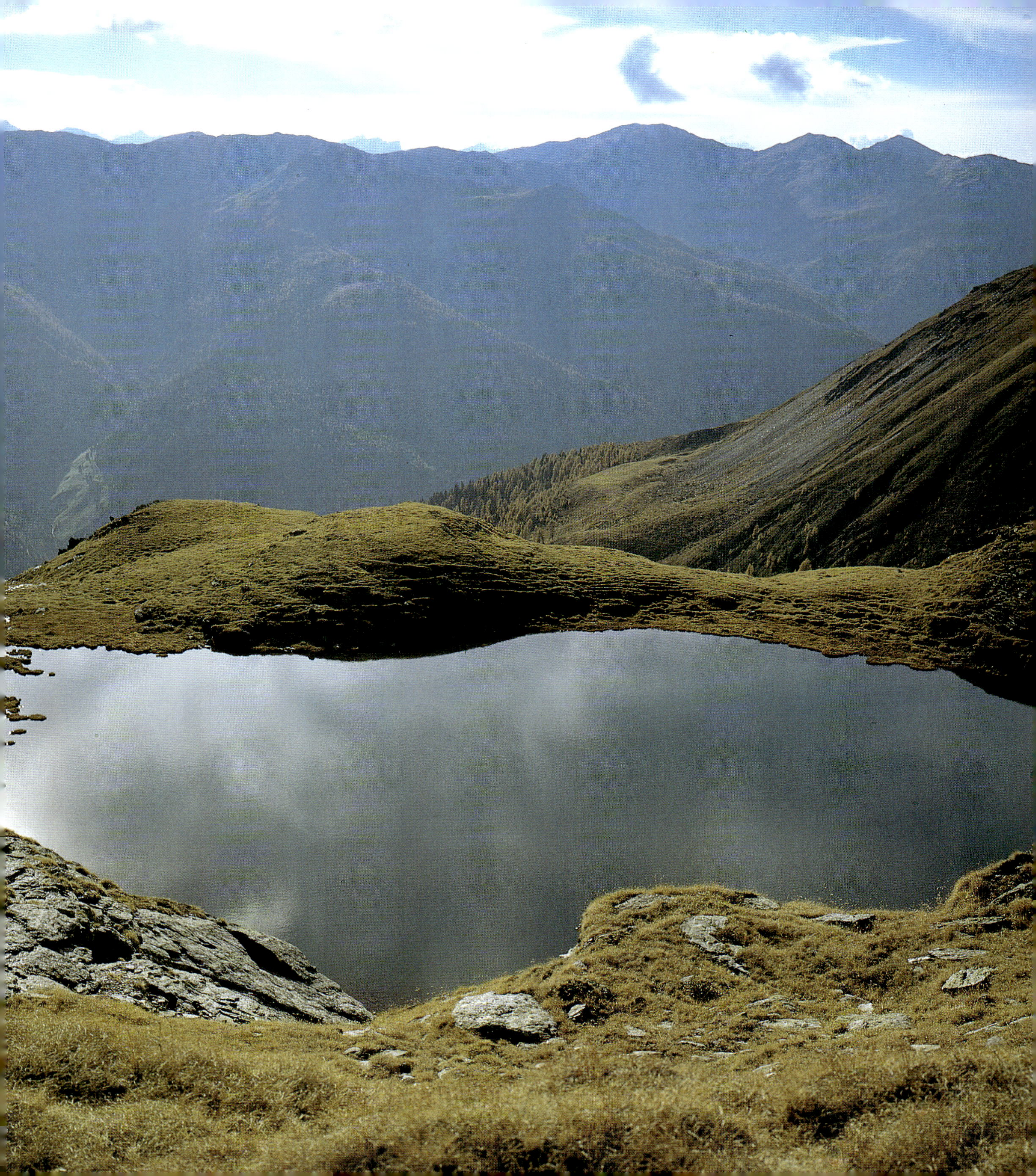

Außervillgraten – das Degenhorn und die Bergseen im Oberlauf des Schrentebaches

Wo sich der Villgraten- und Winkeltalbach begegnen, breitet sich das Dorf Außervillgraten, 1286 m, von einigen Ortsteilen umschlossen, aus. Die Siedlungsobergrenze liegt knapp unter 1700 m und auch die Pfarrkirche St. Gertraud steht etwas auf die Anhöhe gehoben. Sie blickt gegen Norden in das Winkeltal mit Dauerbesiedlung im äußeren, mit Almen, den sogenannten Kammern, im inneren Bereich des Tales. Etwa 13 km streckt sich das Winkeltal bis zur Volkzeinalm, 1886 m, mit geduldeter Zufahrt zum Parkplatz unweit der Volkzeiner Hütte. Westwärts setzt sich die Wanderung fort, wo tosend und verwildert der Schrentebach über den Steilfels auf die grünenden Bergweiden der Hainkaralm fällt. Die zweite Etage stützt auf breiten Felspfeilern auf und trägt den sanft mit Moos gepolsterten Schrenteboden, im harten Gegensatz zur Wilden Platte, zur Hochgrabe hingelehnt. Eine felsgebänderte Rasenrippe streckt sich in den nächsthöheren Karboden hinauf, wo ein flacher Tümpel nichts bedeutet gegen den nur 30 Minuten entfernten, von einer rechts ausscherenden Markierung verratenen **Falk am See**, 2632 m (Seiten 128, 129): insgesamt 3 Stunden, die mehr zu geben vermögen als eine Reihe von Tagen abseits der Wunder der Natur. Zum bekannteren **Degenhornsee**, 2725 m, muß noch ein steiler Schutthang bewältigt werden, um ihn, eingetieft in seiner unberührten Atmosphäre eines engen Kares, aufzusuchen, in jener kurzen Sommerzeit, in der der 0,7 ha große Wasserspiegel frei und blau erstrahlt und der tiefe brausende Ton der Bäche bereits fern und in kleine Geräusche zerstückelt ist. Drei große Bergtäler laden zum Degenhornsee ein: das Winkeltal von Außervillgraten, das Brugger Almtal von St. Jakob und von Innervillgraten das Arntal. Mit der für Trittsichere leichten Ersteigung des Kleinen und Großen Degenhorns, 2946 m, erweitert sich das Wandererlebnis auf schmalem Grat noch zusätzlich, mit dem Lohn einer besinnlichen Stunde beim kleinen Gipfelkreuz.

▷ *Der **Degenhornsee**, 2713 m, in den Halden, von Großem und Kleinem Degenhorn felsig eingekellert, zählt zu den höchstgelegenen Osttiroler Bergseen. Mitten im Sommer noch hält sich ein eisiger Winkel, weiß wie der Großvenediger, der fern vom Alpenhauptkamm grüßt: ein Gruß, der einen unsichtbaren Pakt mit einer wortlosen, spitzgetürmten Landschaft schließt.*

▷ ▷ *Der Zugang zum **Falk am See**, 2662 m (Falk-am-See-See), läßt sich aus der oben skizzierten Beschreibung entnehmen. Er zählt zu den charakteristischen Moränenseen Osttirols, rein, im klaren Licht eines Sommer-Sonntages, bogig umfaßt von einem, in die vegetationsarme, steile Flanke gehefteten Wall (Seite 128). Es lohnt sich der Neugier zu erliegen, auch dem Vorgefühl, mit dem Falk am See etwas Erstaunliches zu entdecken, zu schauen, für eine kurze Weile mit allen Sinnen festzuhalten und tief einzuprägen.*

▷ ▷ ▷ *Gegenüber dem dritthöchsten Gipfel in den Villgrater Bergen, der Hochgrabe, 2951m, wo die tiefgefurchten „Handlinien" der Wilden Platte dem Berg ein noch hohes Alter versprechen und eiszeitliche Spuren ablesbar sind, kann auch der kühn am Hang plazierte **Falk am See** (Seite 129) seine herbe Vergangenheit nicht leugnen. Eine scharf gerandete und übergrünte Moräne hält den See umschlungen: eine zauberhaft stillhaltende Natur, in die, mit jähem Ruck, die grollende Frühjahrslawine lärmt.*

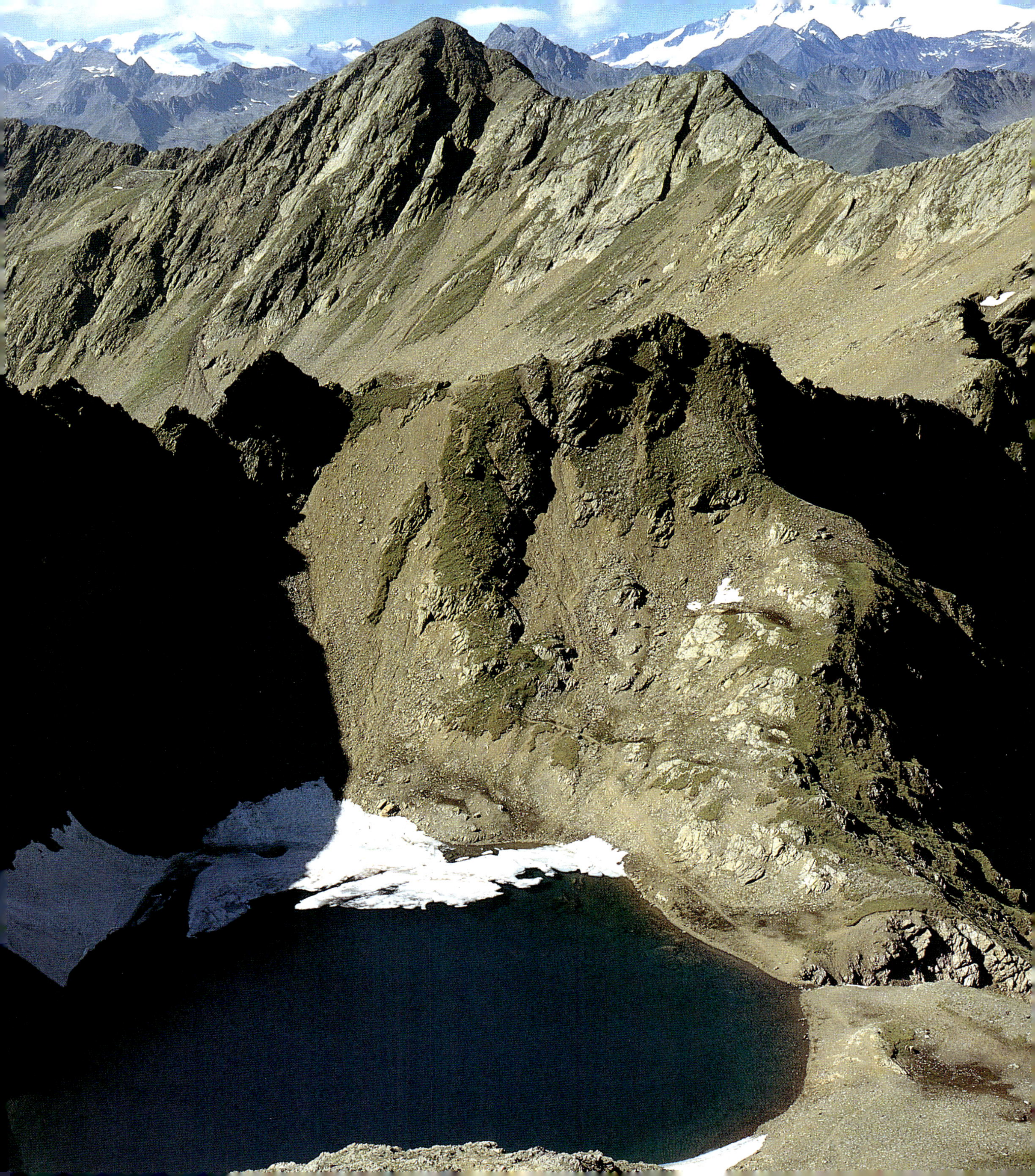

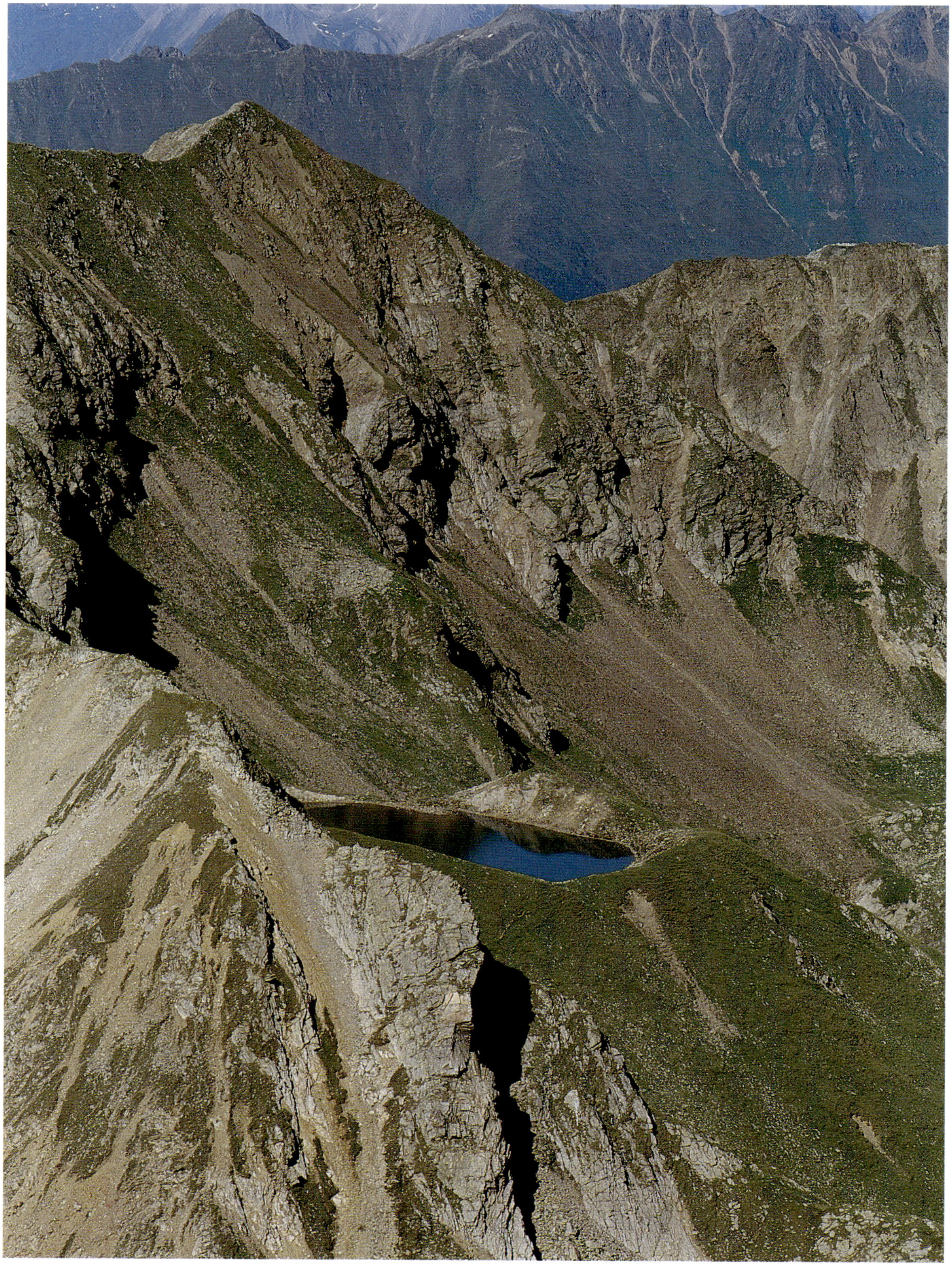

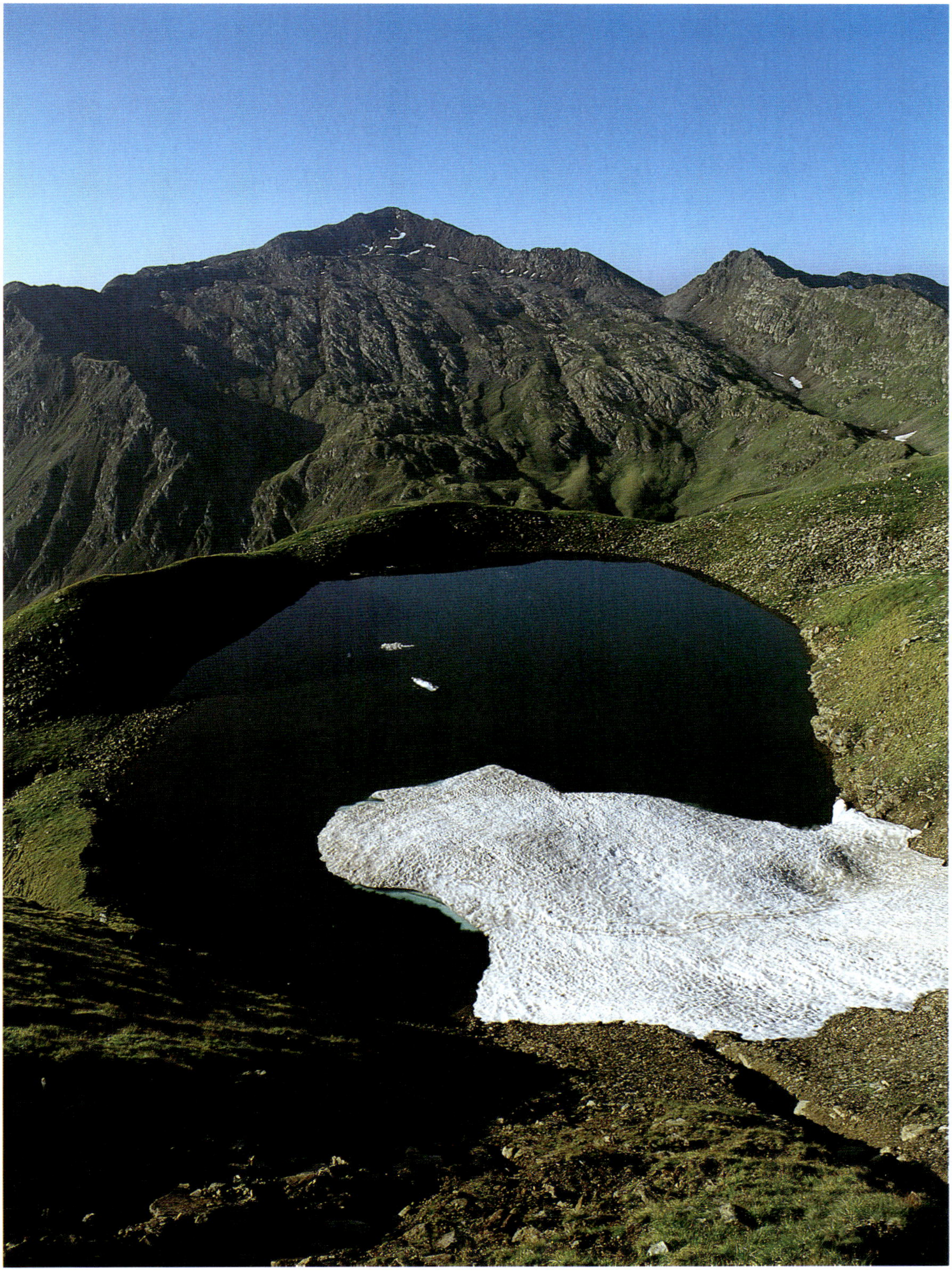

Stille Seen neben den Bergbahnen am Thurntaler

Die **Drei Seen** auf der Ostseite des Thurntalers und die beiden grenznahen, vom Jugendkreuz bewachten **Thurntaler Seen** schmücken als helle Augen das über dem Puster- und Villgratental gewölbte Wandergebiet. Mit der Inanspruchnahme der Hochpustertaler Bergbahnen von Heinfels und vom Markt Sillian bzw. mit der Bergstraße von Außervillgraten ist der Thurntaler leicht erreichbar, zudem reichen Lifte bis auf den Gipfel, 2407 m. Gut markierte und benannte Wanderrouten führen oberhalb der Baumgrenze in etwa 1½ Stunden zu den Drei Seen, 2285 m, nördlich eines Schleppliftes.

Bei der aussichtsreichen Kammwanderung vom Thurntaler Gipfel westwärts gegen die Hochrast biegt man zum Jugendkreuz links ab, und nach 1 Stunde erspäht der fragende Blick die blau durchdunkelten, völlig ungleichen Thurntaler Seen. Der obere See ist mit 1 ha flächenmäßig größer und deutlich tiefer. Wer den lohnenden, dreistündigen Aufstieg von Arnbach wählt, nützt die unmittelbar vor der Staatsgrenze ansetzende Bergstraße gegen das Kolbental bis zum obersten bewohnten Hof auf der Haselgrube. Numeriert und gut bezeichnet ist der weitere Weg: durch schattigen Wald, über grünende Bergwiesen, bis mit zunehmender Höhe auch ein alpiner Hauch die Wanderung umweht, ehe sie beim Unteren, 15 Minuten später beim Oberen Thurntaler See ausklingt.

▷ Der **Obere Thurntaler See**, 2324 m, breitet sich bequem im Berggras aus und wird vom Jugendkreuz, 2330 m, bewacht, das auch den ihm zu Füßen liegenden Unteren Thurntaler See überblickt.

◁ Die **Drei Seen**, 2285 m, ducken sich in der gewellten Hügellandschaft des Thurntalers, als fürchteten sie die immer näher rückenden Pisten und Lifte. Der **Klammsee** schmiegt sich zum Fels, während der **Kleine Schafsee** frei, der **Große Kuhsee** östlich und etwas tiefer liegt.

▷ Der **Untere Thurntaler See**, ca. 2260 m, wird auf Grund seiner kreisrunden Form auch „Kugelesee" genannt: eine Inspiration der Natur, die auf den Betrachter ihre Wirkung nicht verfehlt.

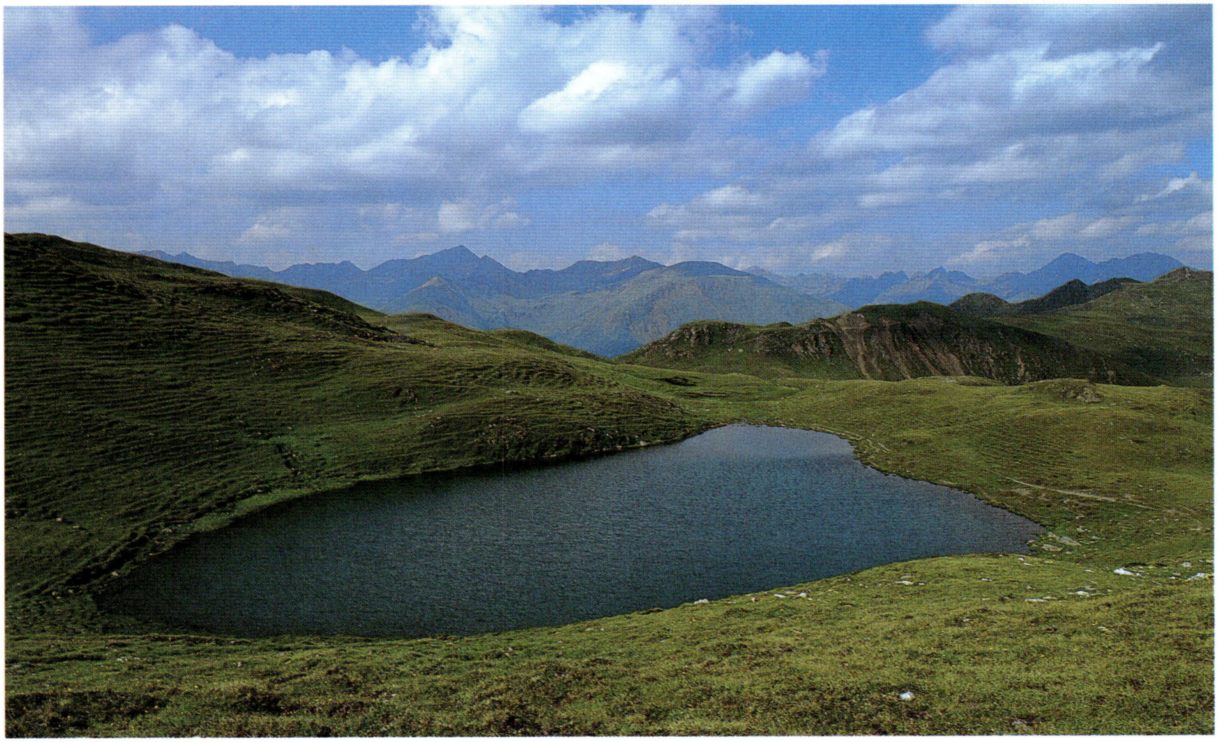

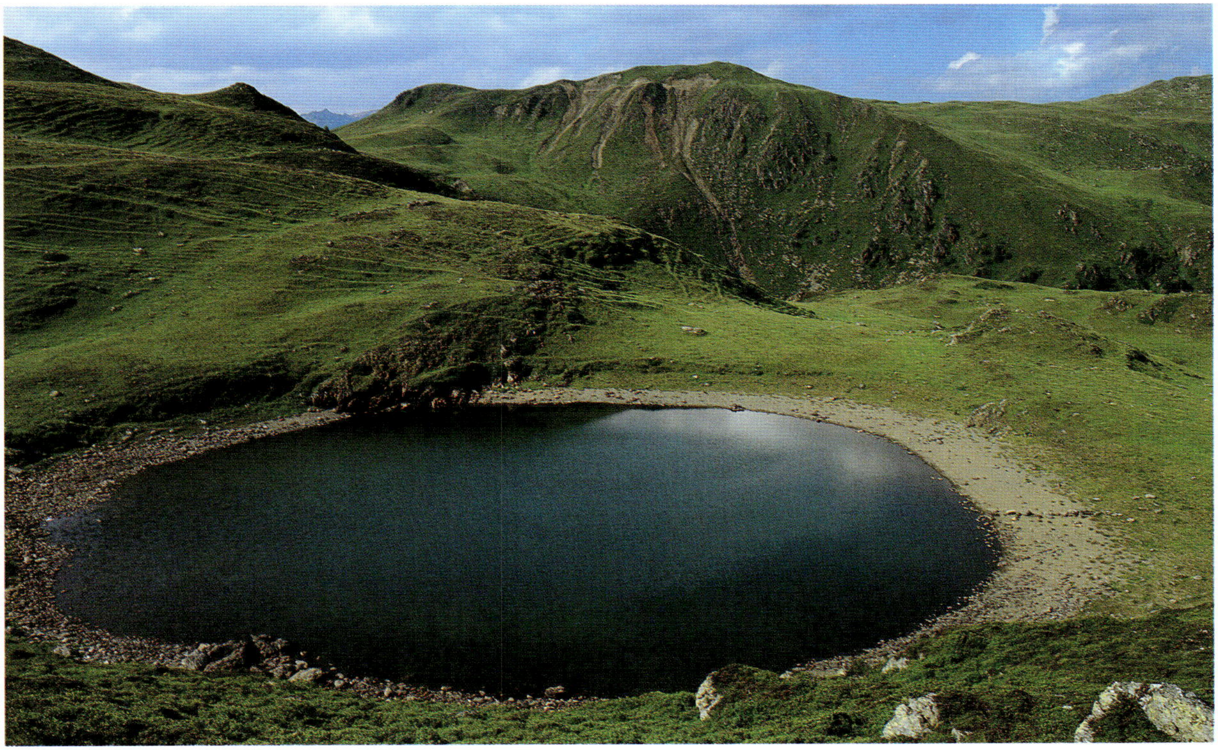

Die Kreuzeckgruppe – der Osttiroler Anteil

Das Naturdenkmal Zwischenberger Lacke

Diesem **Feuchtbiotop** am Zwischenberger Sattel, 1459 m, kommt deshalb eine besondere Bedeutung zu, weil es weitum das einzige mit einer derart charakteristischen Ausbildung ist. Das Naturdenkmal umfaßt die kleine, langgestreckte Paßlandschaft am Zwischenberger Sattel, am westlichen Ende der Kreuzeckgruppe. Das ungefähr 8000 m² messende Feuchtgebiet besteht aus einem Teich und einem sumpfigen Erlwald, der sich in der Trasse der Hochspannungsleitung von Westen her mit einem dünnen Zufluß der Lacke zuneigt. Pflanzen- und Tierwelt dieses Biotops werden entscheidend vom stehenden oder fließenden Wasser bestimmt. Im Gegensatz zu den umgebenden Waldhängen ist hier auf sehr kleinem Raum eine enorme Vielfalt an Lebewesen vereinigt, die durch die Gunst des Elements Wasser und durch die vielfältige Differenzierung in mehrere untergeordnete Lebensräume bedingt ist. Die Verbundgesellschaft hat die Patenschaft für diese Stätte der Erholung und Wissensvermittlung übernommen.

Beim Gasthof Dolomitenblick zweigt die Straße in die Hangsiedlung Stronach ab, und ein Forstweg leitet weiter zum Zwischenberger Sattel, der Grenze zu Kärnten. Das 0,3 ha große Feuchtgebiet auf einer vermuteten Unterlage aus Grundmoränenlehm entwässert mit dem Gödnacher Bach zur Drau, mit dem Diebsbach nordöstlich ins Mölltal.

◁ Zu den etwa 42 Naturdenkmälern Osttirols zählt auch die **Zwischenberger Lacke**, 1459 m, mit bedeutender Tier- und Pflanzenwelt: ein erholsamer Spaziergang der Waldnatur entgegen.

▷ Kaum 2 Stunden erfordert der Waldweg vom Zwischenberger Sattel zum Anna-Schutzhaus am Ederplan; da bleibt viel Zeit für den Aufenthalt beim Wasser, für die Rast bei der neugestalteten Hütte oder beim mächtigen Heimkehrerkreuz am schnell erreichten Gipfel.

Am Ederplan – Rast und Aussicht genießen

Der Hausberg von Dölsach, 2061 m, steht dem Ziethenkamm als erste Erhebung vor: ein den Lienzer Talboden schirmender Gebirgszug der Kreuzeckgruppe. Auf der baumfreien Gipfelkuppe mahnt ein stattliches Heimkehrerkreuz, und 70 m darunter imponiert das Anna-Schutzhaus, neu und gediegen in Holz gezimmert, den Könner und Künstler seines Handwerkes zeigend. 10 Minuten unterhalb des Anna-Schutzhauses sorgt eine stilgetreu ummauerte Brunnenstube, der Annaquell, für das Trink- und Nutzwasser der Hütte. Nur wenige Schritte daneben dient ein händisch angelegter, mit Steinen und Rasenziegeln abgedämmter **Kleinsee** als Zierde und im Notfall mit Löschwasser: ein reinschimmerndes Wasser, das die Türme, das Bildnis der Lienzer Dolomiten anruft, bis ausdrucksvoll und makellos das Spiegelbild letzte Übereinstimmung erreicht. Ein ähnliches Becken wurde auch bei der Mittleren Alm, am Weg von Göd- nach zum Anna-Schutzhaus angelegt.

Seen im hellen Fels der Lienzer Dolomiten

Das Laserz – Träume und Erinnerungen

Das durchlässige Gestein der Lienzer Dolomiten hält nur wenige Seen und auch die Bäche fließen über weite Strecken unterhalb der Schutt- und Geröllager. Der **Laserzsee**, 2200 m, ein typischer Karsee im Rücken der Karlsbader Hütte, ist der bedeutendste in der versteinerten Landschaft des isoliert dastehenden Kalkgebirges, das der Geologe nicht zu den eigentlichen, den Südtiroler Dolomiten zählt, vielmehr als westlichen Teil den Gailtaler Alpen zuordnet. Das knappe Seenangebot der Lienzer Dolomiten berücksichtigt noch den **Jochsee** am Golzentipp (Seite 138), das nur wenige Meter breite **Seebl**, 2213 m, am Dreitörlweg, südlich des Hochstadels und am Nordhang des Rauchkofels den **Tristacher See**, 826 m (Seite 136) mit dem westlich 250 m entfernten **Alten See** (Seite 137) unter der wuchtigen Seewand des Rauchkofels. Das Laserz ist das eigentliche Herz der Lienzer Dolomiten und der Laserzsee die ruhende Mitte zwischen Türmen, Zacken, Riffen und herrlichen Felsburgen, die gebieterisch den See umbauen. Diese so vertraut gewordene Gipfelmitte ist durch einen Fahrweg nicht unberührt geblieben, eine schmerzhafte Sonde, die an das Felsenherz greift, mit den Veränderungen, die allein ein fremd und lastend empfundener Fahrweg auslöst. Trotzdem sind mit dem Laserz unauswischbare, lange noch fortlebende Erinnerungen verbunden.

Von Lienz über Tristach führt eine mautpflichtige Straße zur Dolomitenhütte, 1620 m. Daran schließt ein zweistündiger Aufstieg zur Karlsbader Hütte am Laserzsee an. Anspruchsvoller ist ab dem Parkplatz vor der Dolomitenhütte der Rudl-Eller-Weg über das Hohe Törl und westlich um die Laserzwand.

◁ *7 m tief und eiskalt ist der **Laserzsee**, 2240 m, zum Baden wenig einladend, doch unverzichtbar im Gesamtbild des unnachahmlichen Laserzstockes.*

▷ *Über den **Laserzsee** und die Karlsbader Hütte schweift der Blick zum Kreuzkofel im Abschluß des von Wegbauten bedrohten Kerschbaumertales.*

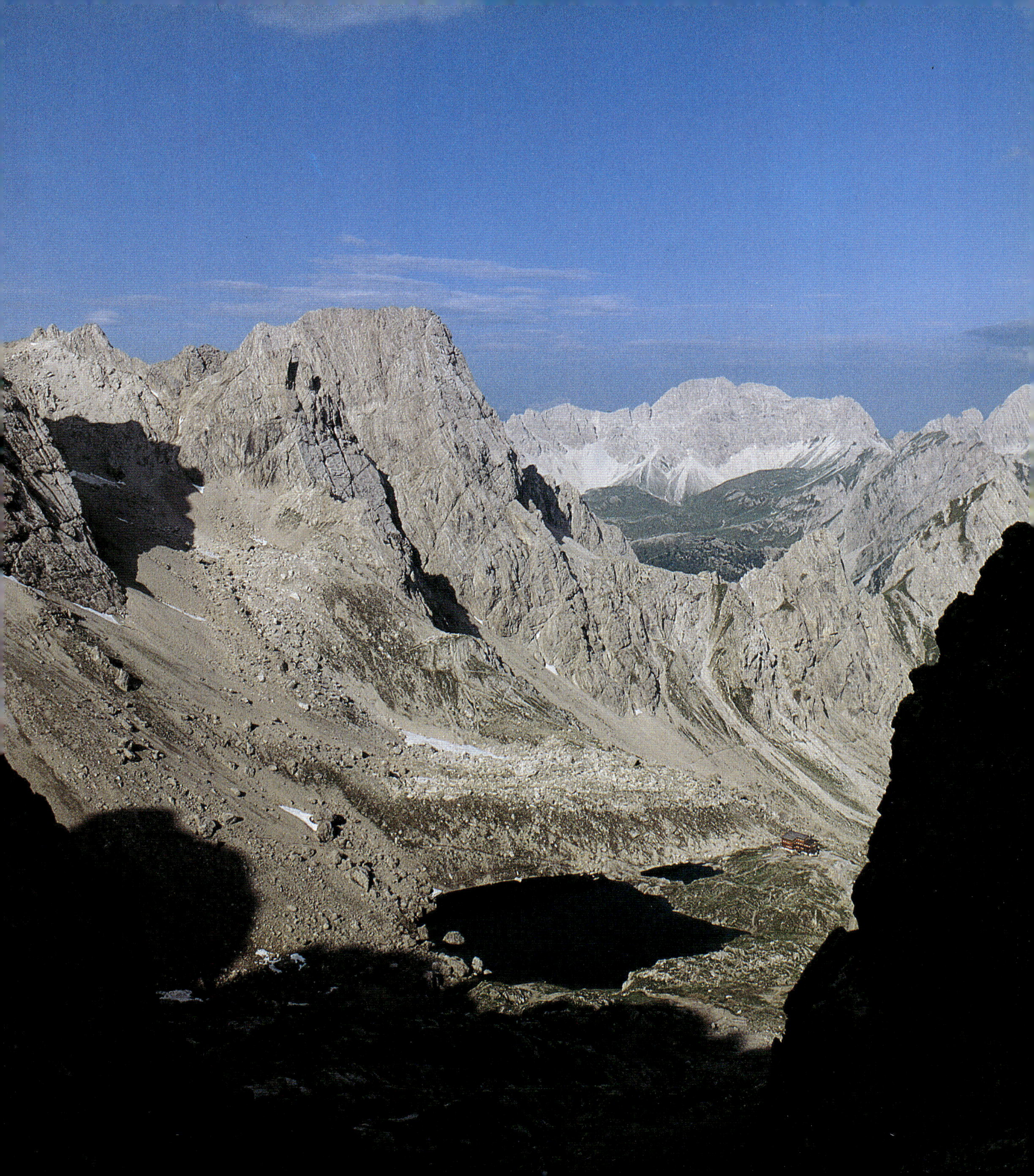

Ein beliebter Badesee und das streng gehütete Naturdenkmal Alter See

Der **Tristacher See**, 826 m (Bild unten), Osttirols einziger, ca. 7 ha großer und 8 m tiefer Naturbadesee im Besitz der Stadtgemeinde Lienz, weist mit gepflegtem Strandbad und herrlichem Promenaderundgang auch einen reichen Fischbestand auf. Neben Karpfen und gefräßigen Hechten, Welsen und räuberischen Zandern tummeln sich Schwärme von zutraulichen, freßgierigen Rotfedern und in geringer Zahl Krebse am Ufer. Ein Pendelbus von Lienz über Amlach und Tristach verkehrt im Sommer. Der Tristachersee wird erstmals in einer Urkunde von 1385 als „See ze Dristach" erwähnt. Im Jahre 1740 wollte die Herrschaftsverwaltung von Lienz den See durch einen Stollen entleeren, um ihn auszufischen und zu reinigen. Diese Pläne wurden glücklicherweise nicht verwirklicht.

Der **Alte See**, 1,5 ha (Bild rechts), 250 m westlich vom Tristachersee, wurde zum Naturdenkmal erklärt. Die dort vertretene, wertvolle Flora besticht durch Besonderheiten unter den Blütenpflanzen der artenreichen Ufervegetation. Inseln und Seggenpölster ergänzen das naturhafte Bild beim Alten See, der die Rauchkofellawinen im Frühjahr auffängt und Quellgebiet des Tristacher Sees ist.

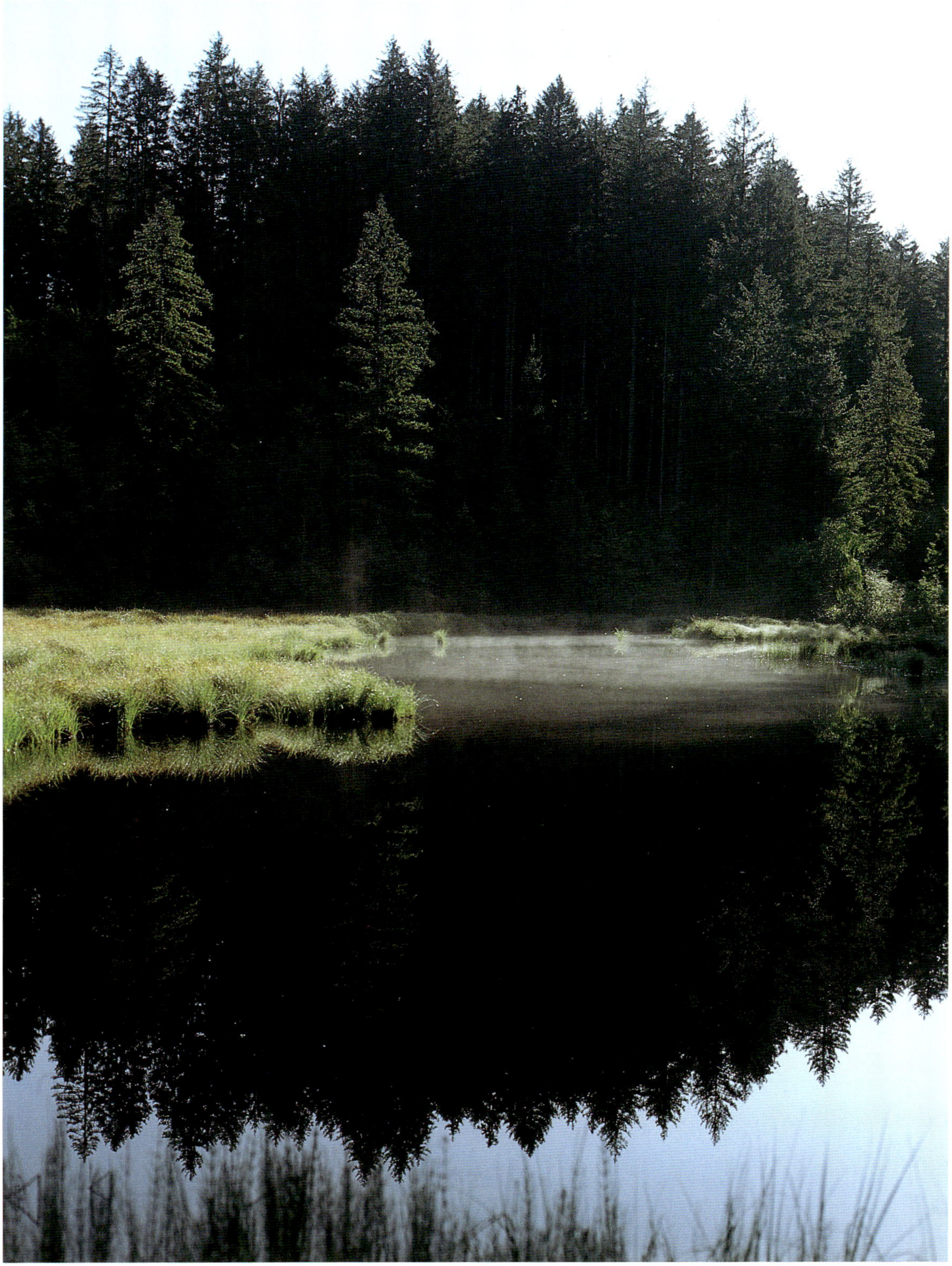

Der Jochsee im Westflügel der Lienzer Dolomiten

Im Wandergebiet Golzentipp entdeckt man den **Jochsee**, 2271 m, sanft in Lehm und kurzes Gras gebettet. Obertilliach, 1450 m, die engeschlossene Siedlung, deren Anlage romanischen Charakter verrät, ist Ausgangspunkt ins Almengebiet und zum Jochsee. Mit dem Sessellift oder auf der Bergstraße über Rals ist die Auffahrt zur Connyalm, 2050 m, ohne Mühe, auf markierten Wanderwegen dagegen in ca. 3 Stunden vollziehbar. Nur noch eine ³/₄ Stunde trennt von der Connyalm zur Kammhöhe mit dem Jochsee, der behütet zwischen Golzentipp und der Morgenrast ruht.

Markanter ist der kreuztragende Golzentipp, 2317 m, und auch dorthin wird eine ³/₄ Stunde genügen, wenn nicht die Kutteschupfen, eine betagte, enggerückte Anhäufung von Heustadeln, auf halber Strecke zum Unterbrechen der Wanderung einladen. In ihrer teilweisen Hinfälligkeit trauern sie längst verwehten Zeiten nach, als es in diesen Stadeln nach gärenden Kräutern und frischem Bergheu roch. Auch der Gailtaler Höhenweg, von St. Oswald über den Dorfberg zum Golzentipp, kommt hier vorbei, ehe er den Jochsee erreicht und weiter zum Ochsengarten und den Kircher Almen führt.

*Im Hintergrund des **Jochsees**, 2261 m, zackt sich die felsgeaderte Fassade des Breitensteins, halb verdeckt von der Alpelspitze. Schönwetterwolken steigen auf, hell und leicht, überfliegen den See, der im Herbst einsamer und kleiner ist.*

Eine Tümpellandschaft belebt die Kircher Almen

Im Dorf Untertilliach, der entferntesten Ortschaft im Tiroler Gailtal, fällt die hoch am Sonnseithang stehende, ehemalige Hauptkirche St. Jenewein auf. Dort führt die Forststraße vorbei und in 2 Stunden, sich durch dichte Wälder windend, zu den Kircher Almen empor. Auf einer Seehöhe zwischen 1700 und 2000 m liegen gestaffelt mehrere sumpfige Terrassen mit namenlosen Tümpeln. Neben interessanten Feuchtgebieten beherbergen die Almen eine artenreiche Flora, die wegen zahlreicher südalpiner Elemente zu den bemerkenswertesten Österreichs zählt. Als Rarität gilt das Dolomiten-Fingerkraut mit rosarotem Blütenmuster auf seidig silbergrauen, dichtrankigen Teppichen. Zum Unterschied zu einigen der seichten, nicht ganzjährig mit Wasser gefüllten Kleinseen (von Steinböck als „temporäre Tümpel" bezeichnet) auf den Kircher Almen gilt (laut Dr. Volker Steiner) für stehende Gewässer, bzw. perennierende Tümpel, in denen Fische leben oder leben können, daß sie ganzjährig durch zwar niedrige, aber eher ausgeglichene Temperaturen gekennzeichnet sind. Den von Sickerwasser genährten und die Almwiesen vorteilhaft zierenden Tümpeln kommt lediglich eine, wenn auch wichtige, Schmuckfunktion im vorliegenden Bereich der weiträumigen Kircher Almen zu.

Zu Füßen der steilaufgerichteten Kalkfelsen des Eggenkofels, 2590 m, breiten sich seichte Tümpel auf den Kircher Almen aus. Wegen der hier heimischen Pflanzenraritäten bieten sich naturkundliche Wanderungen an, die mit dem Besuch des Eggenkofels noch einen hochalpinen Anstrich erfahren. Eine Markierung weist gut 1 Stunde den „Weg" für Trittsichere bis zum Kreuz am Eggenkofel.

Die schönsten Rastplätze am Karnischen Kamm

Vom Helm bei Sillian bis an die Schwelle des Kärntner Bundeslandes

Nur der ca. 30 km messende westliche Teil der Karnischen Alpen, über deren Kamm die Grenze zu Italien verläuft, gehört zum Bezirk Lienz. Alle in diesem Gebietsteil einliegenden Bergseen, einschließlich des **Stausees bei Tassenbach**, 1071 m, sind in diesem Buch berücksichtigt, wobei zum Ausklang noch ein Blick ins benachbarte Land, zum tiefblauen Wolayer See, den Rundgang beendet. Der Weg des Friedens am Karnischen Kamm ist beim Aufspüren der Seen unentbehrlich.

Das Staubecken bei Tassenbach liegt an der Schwelle ins Tiroler Gailtal. Die ehemals auf etwas über 10 ha ausgedehnten Tassenbacher Möser, ein Sumpf und Auwald an der Mündung der Kleinen Gail in die Drau, wurden großteils durch das Kraftwerk Tassenbach-Amlach in ein Staubecken umgewandelt, das 240.000 m³ faßt und das Wasser in einem 21,8 km langen Druckstollen zum Kraftwerk Amlach schickt.

Das von der TIWAG möglichst naturgetreu gestaltete Becken weist eine mit Nadelhölzern locker bewaldete Insel auf, die mit den wieder verwachsenden Uferstreifen Nistplätze für zahlreiche Vogelarten bietet, wenngleich durch den schwankenden Wasserspiegel des Tagesspeichers die Tiere in ihrer Verhaltensweise manchmal empfindlich gestört werden.

*In der Talsohle liegt das **Staubecken bei Tassenbach**, 1071 m, und darüber steht mit der im Spätbarock gehaltenen Dreifaltigkeitskirche von Strassen eine der qualitätsvollsten in Architektur und Ausstattung, eine der reizvollsten Landkirchen im südöstlichen Tirol, wie Dr. Meinrad Pizzinini in seinem Osttiroler Kunstführer mitteilt. Von der sonnigen, baumfreien Anhöhe grüßt die Pfarrkirche St. Jakobus.*

Der Füllhornsee und die Sillianer Hütte am Karnischen Kamm

Der Markt Sillian, 1103 m, im Kern eine Straßensiedlung, ist der Hauptort im Osttiroler Teil des Hochpustertales und 4,2 km von der Staatsgrenze zu Italien entfernt. Eine historisch wechselvolle und ebenso vom wirtschaftlichen Aufschwung getragene Geschichte zeichnet den Markt Sillian aus, der auch in sportlicher, touristischer und immer schon in kirchlicher Hinsicht ein bedeutendes Zentrum war.

Wo die Straße am Westende bei der Kapelle zu „Unserem Herrn im Elend" vorbeileitet, zweigt der Fahrweg zur Leckfeldalm, 1925 m, ab, mit einer Parkmöglichkeit im auflichtenden Waldsaum. Ein anfangs sehr steiler Kehrenweg führt in einer guten Stunde zur Sillianer Hütte, 2447 m, am aussichtsreichen Karnischen Kamm hinauf und kurz zuvor am wenig beachteten **Füllhornsee**, ca. 2300 m, vorbei.

*Der **Füllhornsee**, ca. 2300 m, ein seichtes, schläfriges Wasser, hat seinen Namen vom umliegenden Almboden erhalten und auch ein unmerklich gerundeter Kammrücken ist als Füllhorn bekannt. Diesen Gebietsteil beherrscht seit 1986 die Sillianer Hütte des örtlichen Alpenvereins. Durch Benützung der Seilbahn vom Talort Sexten aus strömen auch viele italienische Gäste zur schmucken Hütte.*

Der Blaue See und seine Geschwister im Hollbrucker Tal

Im Ortsnamen Kartitsch, 1358 m, dem Zentrum der Gemeinde, vermutet man eine romanische Sprachwurzel: eine Gegend, die bereits im 4. Jahrhundert n. Chr. besiedelt worden ist. Die Fraktion Hollbruck liegt 4 km westlich auf einer schmalen Hangleiste mit der barocken Wallfahrtskirche zu „Unserer Lieben Frau Maria Hilf", der eine bescheidene Holzkapelle vorangegangen war. Mehrere Tal- und Waldsteige erklimmen den Karnischen Kamm. Sie fordern Ausdauer und rufen Ahnungen wach, die am Weg in das Hollbrucker Tal auch noch der unglücklichen Zeiten des 1. Weltkrieges gedenken lassen. 1915 wurden die Gemeinden Kartitsch und Hollbruck unmittelbares Frontgebiet mit der todbringenden Feuerlinie am Karnischen Kamm. Noch heute zeugen Schützengräben und verfallene Unterstände sowie zwei Kriegerfriedhöfe hoch oben in den Bergen von dieser schrecklichen Zeit. An den 1. Weltkrieg erinnert auch der sehr schön gepflegte Soldatenfriedhof in Neu-Winkel bei Kartitsch. Der heute ins Hollbrucker Tal Einkehrende darf Naturschönheiten erwarten, eine erholsame Wanderung an alten, gebleichten Wetterfichten und mit Moos dick vermummten, fabelhaft anmutenden Riesenblöcken vorbei. Der Weg endet im Talschluß, er ist neu, doch alles andere im Hollbrucker Tal ist gleich geblieben, während draußen die Welt sich bis zur Unkenntlichkeit verändert.

◁ Die **Hollbrucker Seen**, ca. 2450 m, liegen erdig eingefaßt westlich der Hollbrucker Spitze. Über dem kleineren der beiden unauffälligen Hollbrucker Seen ist im Tal Außervillgraten sichtbar, während die Berge darüber ihr wahres Gesicht hinter geballten Wolken verstecken.

▷ Hoch über dem Morgenschatten des Hollbrucker Tales weckt die späte Herbstsonne den **Blauen See**, 2243 m. Seine relative Kleinheit macht er mit schimmernder, blaugrüner Färbung wett, die sich prachtvoll der Umgebung und auch den Jahreszeiten anpaßt. Neben dem Hochgräntensee (Seite 144) ist er das eigentliche Geheimnis im Hollbrucker Tal, wofür etwas Mühe aufzuwenden sich lohnt.

Dort, wo an der linken Seite im Talschluß ein Stall sich duckt, schwingt sich rechts ein markierter Rasenpfad die mit Alpenrosen überwachsene Bergflanke empor, dünne, helle Wasser überschreitend. Nach insgesamt 3 bis 4 Stunden überrascht in einer von Steinen bewehrten Hangmulde der **Blaue See**, 2243 m. Eine Geländestufe höher teilt sich der Steig bei einer schlichten und bei Schlechtwetter schützenden Hirtenhütte. Westlich steigt die Markierung zur kreuzgezierten Hollbrucker Spitze an, wo der Weg des Friedens südlich vorbeistreift, um nach 1 Stunde die zwei kleinen, hellwach blinkenden, vom Wind überfächelten Hollbrucker Seen, 2450 m, aufzuspüren. Die beiden erdig versenkten Seen zählen zu den geringen ihrer großen Sippe, an denen auch der Friedensweg mit etwas Abstand vorbei und zur westlich gelegenen Sillianer Hütte führt.

Bei der erwähnten Hirtenhütte verläßt ein markierter Steig den Bereich des Blauen Sees, wendet sich südöstlich und erreicht in einer $^3/_4$ Stunde den **Hochgräntensee**, 2429 m (Seite 144), mit dem umzäunten Kriegerfriedhof am Nordufer und mit einem von kernigen Felsgestalten belebten Panorama im Süden.

Der **Hochgräntensee**, 2429 m, liegt am Karnischen Kamm und im Abschluß des Hollbrucker Tales. Der Name Hochgränten stammt vermutlich von „Granten", womit ein Trog oder eine Truhe gemeint ist. Dieses Bild mag auf die weite Senke am Kamm übertragen sein, in der dieser See seinen Platz mit dem Mahnmal teilt, Mitteleuropas höchstgelegenem Kriegerfriedhof am Nordufer des Hochgräntensees. Noch vor der Hollbrucker Pfarrkirche, von der aus der Blick ins Pustertal gleitet und auch bis in die Lienzer Gegend reicht, gewährt das Hollbrucker Tal (Seite 142) den Zugang auf die Höhen des Karnischen Kammes.
Beim Blauen See (Seite 143) und der darüber wachenden, kleinen Hirtenhütte zweigt der markierte Steig südöstlich zum nur noch gering entfernten Hochgräntensee, direkt am Karnischen Kamm, ab.

Der **Hochgräntensee***, 2429 m, mit dem kleinen Kriegerfriedhof und eisernen Grabkreuzen. Gräber werden dort gepflegt, die Blauer Eisenhut und weißes Hornkraut deckt und ein schicksalshafter Ernst, der stumm den Vorübergehenden umweht und ihm ein Stück noch folgt.*

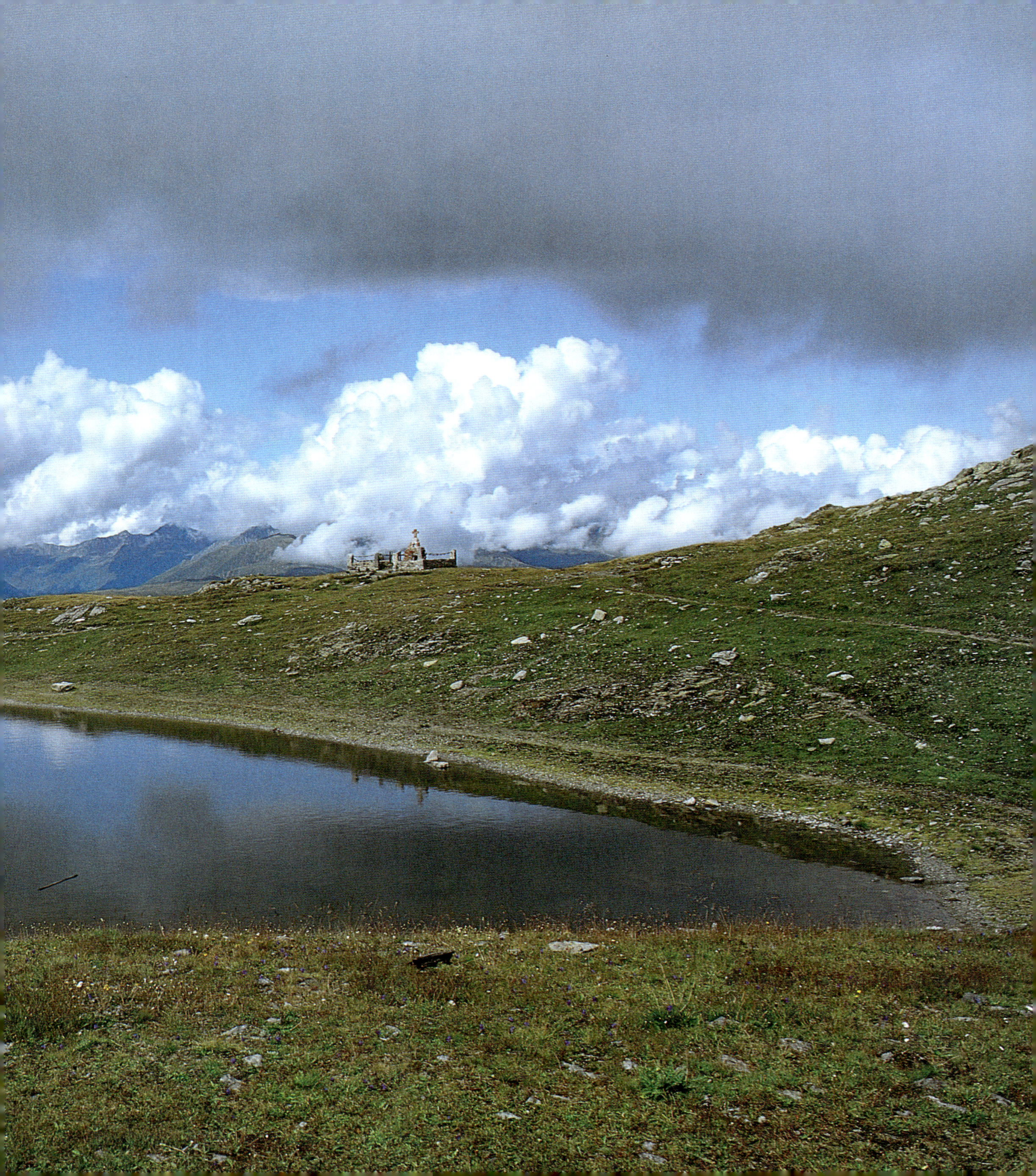

Ein geschichtsträchtiger, dreistündiger Weg führt zum **Obstanser See**, 2304 m, ausgehend von Kartitsch, 1358 m, der mit weitverbreiteten Streusiedlungen einzigen Gemeinde im Tal der Kleinen Gail. Die Häuser stehen in Gruppen beisammen, bilden kleine Einheiten mit vielfältigen Hausformen. Paarhöfe wechseln mit Doppelhäusern und Einhöfen. Die Dorfmitte prägt die Pfarrkirche St. Leonhard, einer alten Überlieferung nach als „Schimmelkirche" bekannt.

Von Kartitsch streckt sich das Winklertal waldreich gegen Süden, wo alsbald der breite Weg mit einigen Kehren ausläuft, ehe er an die mächtige Talstufe stößt. Ein Felsenweg überwindet die 250 m hohe Barriere, über die brausend und hell sprühend der Bach herunterstürzt, nachdem er streckenweise auch unterirdisch verlaufen war. Die Prinz-Heinrich-Kapelle, die noch vom 1. Weltkrieg erzählt, wacht auf der felsgehärteten Böschung am Obstanser Wiesenboden, wo noch gemäht wird und sich der Moorenzian, auch als Drachenmaul bekannt, mit lebhaft violetten Kronenblättern behauptet, eine Blütenpflanze, die man bei uns anderenorts vergeblich sucht.

Ein Stockwerk höher breitet sich der 2 ha große, mit Fischen besetzte Obstanser See aus, mit der gleichnamigen Hütte am Nordufer. Er zählt zu den größten und schönsten Seen im Osttiroler Abschnitt des Karnischen Kammes.

Das „Primelfest" beim Obstansersee. Wo der zum hohen Felsbogen gerundete Roßkopf, 2603 m, abweisend und die blauvioletten Kronenblüten der Klebrigen Primeln einladend den **Obstanser See***, 2304 m, berühren und ihr Sommerfest feiern, hält auch der Weg des Friedens inne.*

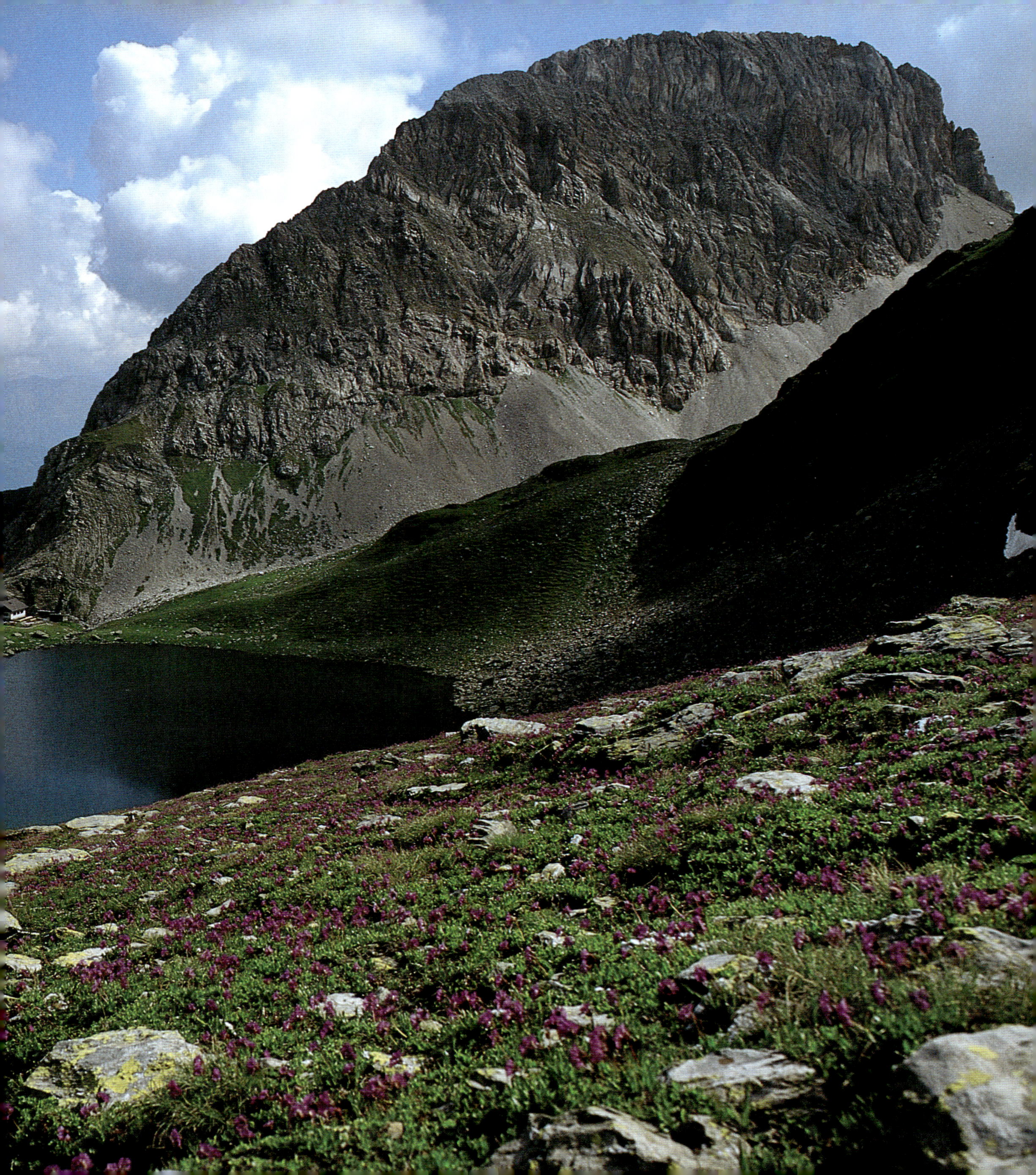

Der Schöntalsee im schattigen Wald – die Stuckenseen im Grün der Bergmähder

Mit der großartigen Rundwanderung durch das Schön- und Leitental ist der Wechsel von bewohnten Räumen in naturhafte Landschaften rasch vollziehbar, wenige Stunden nur bringen Veränderung und schaffen Gegensätze, die bei stillen Bergseen noch fühlbarer sind: Bergseen, die Schönheit und Vielfalt schenken und nicht selten den Menschen aus seinen eingefahrenen Gewohnheiten in eine andere Welt entführen, für eine Weile wenigstens, solange man die Stille oder das Alleinsein ertragen kann. Die „Tür" in diese Welt steht offen – westlich des Kartitscher Sattels, nah dem Klammwirt –, wo der Forstweg in das Schöntal einmündet. Bis zur ersten Talstufe streckt und windet sich der breite Weg, immer rechts des Baches, gesäumt von Lärchen, die gebeugt und verkrümmt auch auf der im Grün wuchernden, kulissenhaften Talstufe stehen. Wenig später liegt der **Schöntalsee**, 1808 m, zwischen Steinen und Bäumen vor uns, schmal beim Abfluß, breit und aufnahmebereit dort, wo das spärliche Wasser ihm zuläuft. 2½ Stunden nimmt die unschwierige, gemächliche Wanderung in Anspruch. Eine Stunde später breiten sich, auf der nächsthöheren Talstufe, die Schöntalwiesen aus, fähig eine große Herde zu verköstigen. Ein geräumiger Stall bietet Unterstand, dagegen ist die Standschützenhütte, 2350 m, nah dem Karnischen Kamm, klein und eine willkommene Einkehr für ermüdete Wanderer auf der Weite des Friedensweges.

Die Stuckenseen im Leitental sind höher plaziert, über der Waldgrenze und im Talhintergrund von der Filmoorhöhe ummauert.

Bei der Prünster Mühle am Kartischer Sattel, inmitten eines von artenreicher Vegetation besiedelten, 8 ha großen Flachmoores, findet man den Zugang, den breiten und schattigen Weg, in das Leitental. Wo nur noch ein Steig zu den grünenden Almen vordringt und biegsame Lärchen die Hänge bestocken, erreicht man nach 2 bis 3 Stunden den 1 ha großen **Unteren Stuckensee**, 1928 m (Seite 150). Eine flache Geländetreppe höher und das lautlose Wasser aus dem Filmoor auffangend, erwartet den Talbesucher der **Obere Stuckensee**, 2032 m (Seite 152). Bergsteiger und Botaniker wissen um die landschaftliche Schönheit und den dortigen bunten Schatz der Flora: ein Kulturland, das vor Jahren noch weitflächig, bis hinauf in die zurückgelehnten Hänge, gemäht worden ist. Dies bezeugen die mittlerweile hinfällig gewordenen Heuschupfen. Dieser landschaftserhaltenden Tätigkeit kommen die Bergbauern nur noch vereinzelt und sporadisch nach. Nicht der Wert und die Notwendigkeit, vielmehr die Verbundenheit und Liebe zur Bergheimat, bestimmen diese sehr schwierige Arbeit. In heutiger Zeit kaum vorstellbar ist, daß die Bergwiesen im Leitental während einer Hungersnot um die Jahrhundertwende für ein paar Körbe Brot den Besitzer wechselten.

Der Obere Stuckensee ist auch ein Rastplatz am Scheideweg: Östlich verläuft der Steig über den Heretriegel zur Porzehütte, westlich schlängelt sich der ebenso mit der Nummer 403 zum Weg des Friedens gekürte Steig zur kleinen Standschützen- bzw. Filmoorhütte am Fuße der Königswand.

*Den **Schöntalsee**, 1808 m, haben tonnenschwere Trümmer eines Bergsturzes aufgestaut. Hoch fahren zu beiden Seiten raunende Hangwälder auf, durch deren Lauben die Frühjahrslawinen mit entwurzelten Bäumen und gebrochenen Hölzern bis an den Schöntalsee heranrumpeln. Die Tage der Unruhe schwinden, wenn der Sommer naht: die Hohe Zeit, die in erstaunlichen Stimmungen sich erklärt und in den See eintaucht, aus dem Licht und Schatten, das Gold der Sonne und das Grau der Regentage strömen.*

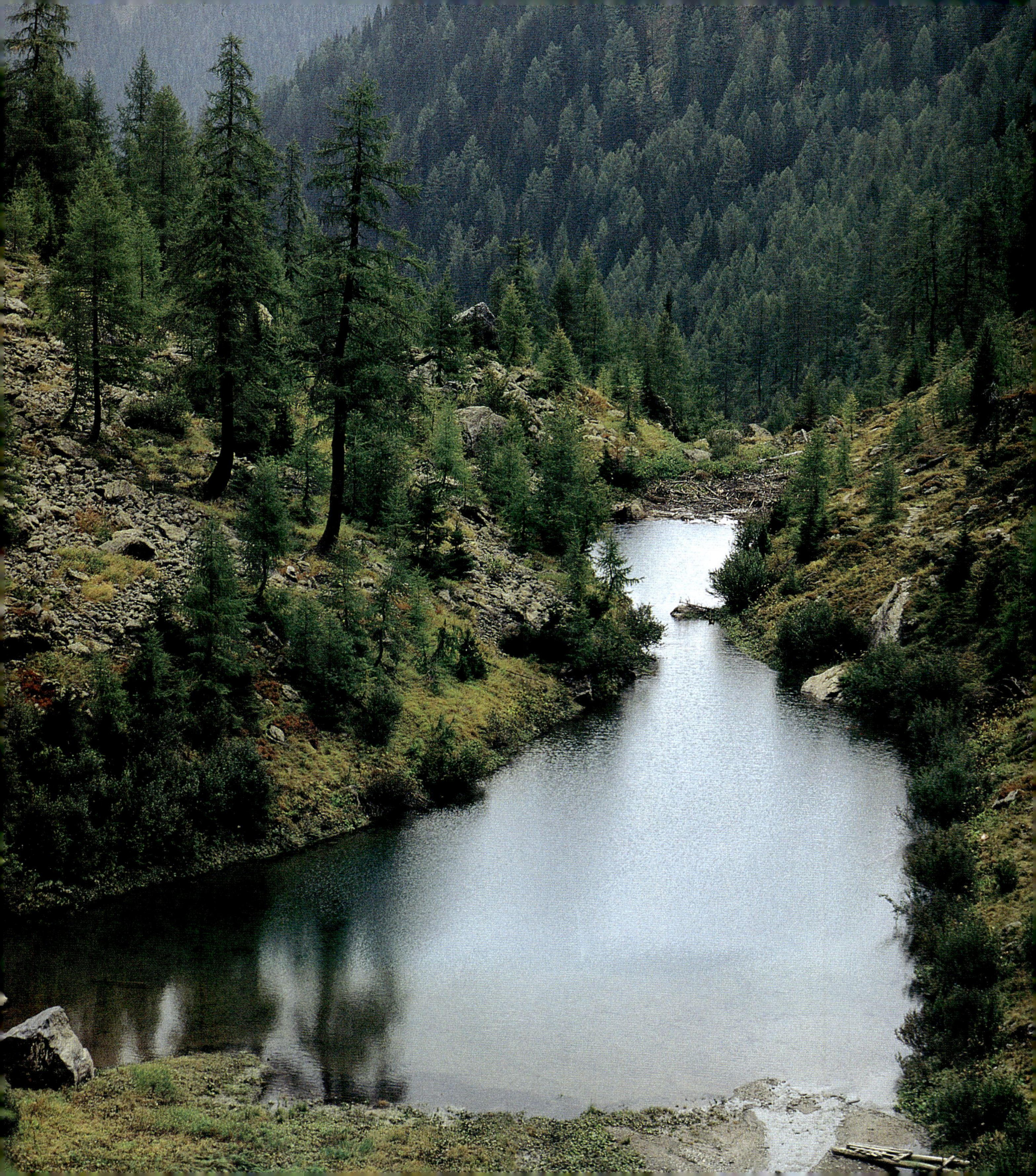

*Zum **Unteren Stuckensee**, 1928 m, im Leitental schaut der Spitzenstein aus dem westlich auslaufenden Lienzer Dolomitenkamm. Im Grün des vegetationsreichen Leitentales breitet sich der vom Leitenbach durchströmte See aus, ein erfrischendes Gewässer, unter einem ruhigen Himmel und von einer leichten Brise angerührt.*

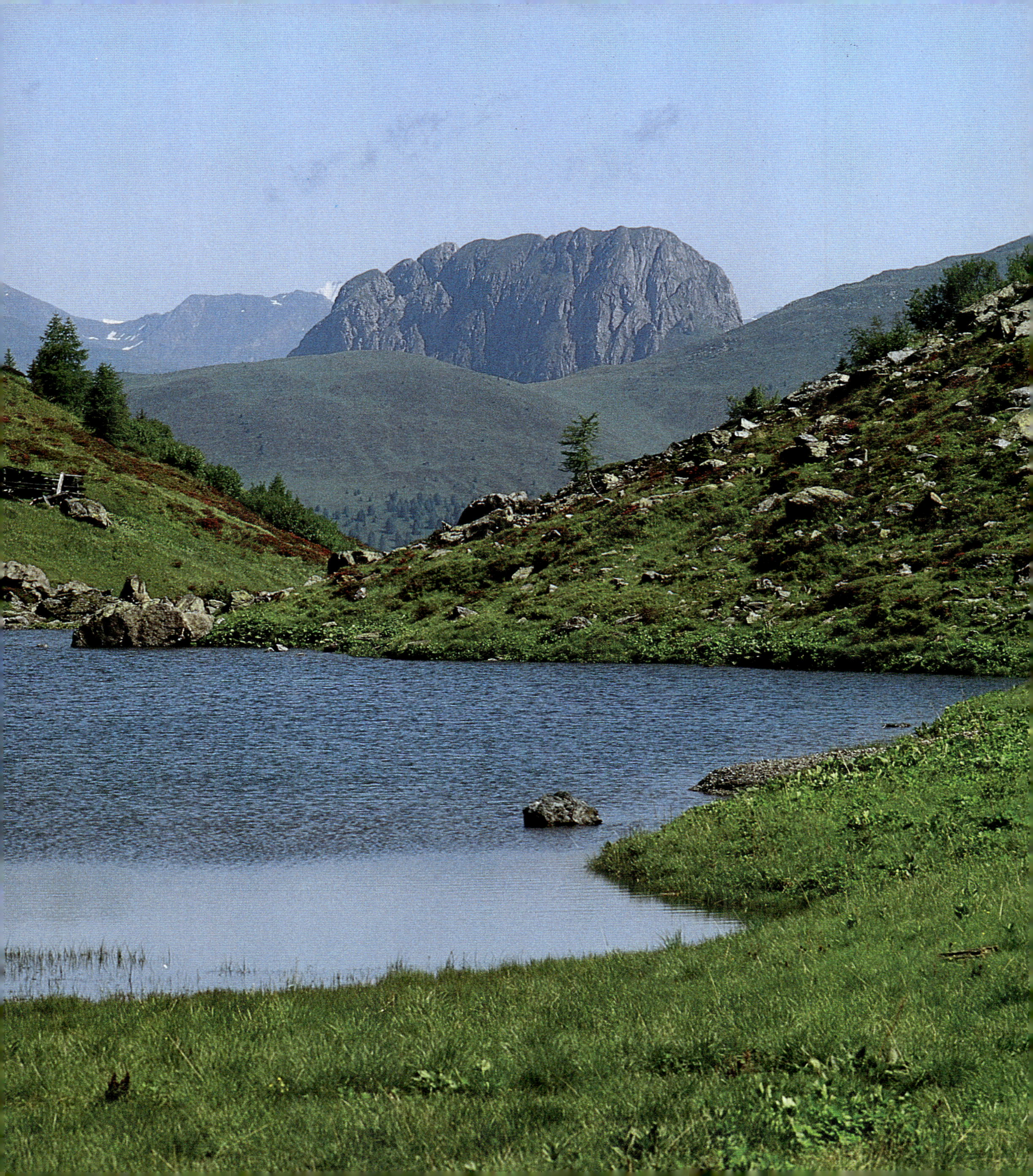

*Der **Obere Stuckensee**, 2032 m, im Leitental, liegt 104 m über dem Unteren Stuckensee und seinen Quellen näher. Weiches, geschmeidiges Hochsommergras und glühende Alpenrosenpölster sind der vorquellende Schmuck am Seeufer. Dazwischen ducken sich viele anmutige Blüten in zarten Farben, die alljährlich in das Leitental einkehrende Bergsteiger und Naturkundler überraschen und zu ihren Verstecken locken.*

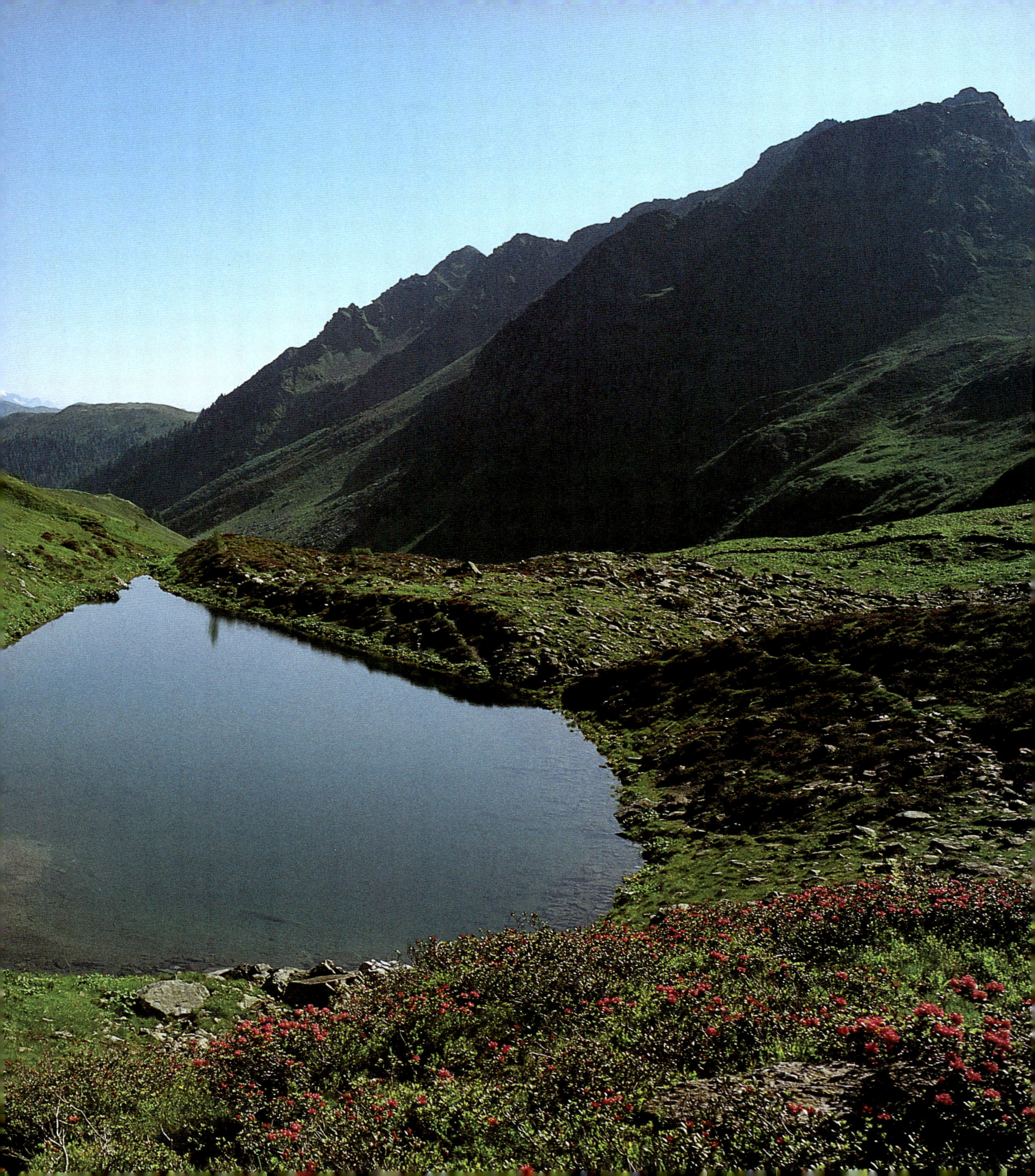

Der Klapfsee diesseits – der Wolayer See jenseits der Kärntner Grenze

Zwei vollkommen unterschiedliche Seen schließen den durch alle Osttiroler Berggruppen führenden Seenrundgang ab: der häufig besuchte, künstlich angestaute **Klapfsee**, ca. 1650 m, im Tilliacher bzw. Dorfer Tal, beim Schlußanstieg zur Porzehütte, 1942 m, und der überaus ansprechende **Wolayer See**, 1951 m, mit der Eduard-Pichl-Hütte. Dabei sei erlaubt, ein letztes Mal über die Bezirksgrenze und über den kleinen **Luggauer See** hinwegzuschauen. Letzterer fristet unweit der Kärntner Grenze, am auslaufenden Nordhang der Steinkarspitze, ein einsames Dasein. Er mißt ca. 700 m² und seine maximale Tiefe von 4 m ist etwas vom schwankenden Zufluß abhängig. Dieses Wechselspiel kennt der Klapfsee im Dorfer Tal nicht, denn die kräftigen Quellen des Dorfer Baches füllen ihn rastlos, sodaß er auf ca. 150 m Länge anschwillt. Der über den Dammweg schwappende Überfluß wird am Ende des Dorfer Tales eine Beute der Gail, die in der Talaue bei Obertilliach ihrer zahmen Kinderstube bereits entwachsen ist. Von dort führt ein Wirtschaftsweg bis zum Klapfsee, die weitere Auffahrt zur Porzehütte verhindert aber eine Schranke. Zu diesem Stützpunkt am Karnischen Kamm schlängelt sich durch Gestrüpp und über Alpenrosenhänge ein Steig als Einstimmung für den teilweise versicherten Felsenweg auf die Porze, die breit entfaltet, formschön und als mächtiger Hintergrund das langgestreckte Dorfer Tal abriegelt.

Mit dem Klapfsee als letzten der in Osttirol namentlich bekannten Seen erhöht sich die Gesamtzahl aller in diesem Buch gesammelten auf 165.

◁ *Den in Jahrmillionen gehärteten, felsigen Rahmen des **Wolayer Sees**, 1951 m, mildert die am Ufer sich ausbreitende Blüte des Alpendosts. Das Alter und die Vielfalt der Gesteine bedingen eine reiche und auch auf 2000 m Seehöhe noch üppige Flora, im Gebiet und am Felsfuß der zerknitterten Wolayer Seewarte, 2595 m.*

▷ *Der am Ufer des **Wolayer Sees** hingebreitete feinkörnige Sand vermittelt an sonnigen Tagen das Gefühl von Sommer und Meer. Die Eduard-Pichl-Hütte bietet ein schützendes Dach und erholsamen Urlaub fern vom eilig fahrenden Alltag.*

Viel Besuch beim Uferidyll des Wolayer Sees

Der **Wolayer See**, 1951 m, ist der fünfte „Gast" im Bunde der Osttiroler Bergseen und ein besuchenswerter auf den felsgrauen Höhen am Karnischen Kamm. Von Birnbaum im Lesachtal durch das Wolayer Tal oder von der Plöckenpaßstraße über das Valentintörl führen 3 bis 4 Stunden weit die Zugänge zur Eduard-Pichl-Hütte am Wolayer See. Sie lenken durch sommerliche Blumenmeere, die, gefördert durch den häufigen Gesteinswechsel, noch beim Wolayer See eine anmutige Blütenvielfalt entwickeln. Nah am Ufer und unbeeindruckt von den harten Felswänden der Seewarte, 2595 m, bahnen sich mit unglaublicher Kraft die hellroten Triebe des Alpendosts durch Eis und Schnee den Weg zum Licht. Aufrecht und dicht stehen die bis zu 150 cm hohen, gefurchten Stengel, auf denen viele rötliche Blüten sich zu Köpfchen vereinen und in Doldentrauben ausreifen.

Der Geo-Trail, ein geologischer und auch durch eine handliche Broschüre vertiefter Lehrpfad, ergänzt mit Einblicken in das sagenhafte Alter der Gesteine den Besuch beim Wolayer See.

Mit der späten Sonne eines ermüdeten Sommertages endet die naturkundliche Wanderung, die zu waldverdunkelten Tümpeln, zu schutzbedürftigen Biotopen und zu in ihrer Größe und Art unterschiedlichen Seen führte. Krönung sind die im hellen Kiesel und kantigen Blöcken gebetten Hochgebirgsseen mit dem Flair der alpinen und überaus verletzbaren Berglandschaften.
Freunde, Freude und Verständnis wollte ich für Osttirols Seenwelt gewinnen, um gemeinsam für deren Schutz Verantwortung zu übernehmen und weiterzutragen. Seen bedeuten auch Ufer der Stille, sie verbürgen Rast und Erholung und festigen das Bewußtsein sowie die Beziehung zu einem der schönsten Bereiche Osttirols.

Osttirol
Tirol

Anzahl der Seen in Osttirols Berggruppen

Osttirol beherbergt 160 unterschiedlich große Bergseen, wobei in dieser Aufstellung auch einige Biotope und Waldtümpel berücksichtigt sind. Den größten Seenanteil weisen die Deferegger Alpen auf, begünstigt dadurch, daß diese Berggruppe zur Gänze in Osttirol einliegt. Bei allen grenzüberschreitenden Gruppen wurden nur die auf Osttiroler Gebiet liegenden Seen erfaßt. Beispielsweise finden sich im Osttiroler Anteil der Glocknergruppe keine nennenswerten Seen, sieht man von jenen ab, die an der Trennlinie zur benachbarten Berggruppe situiert sind (Dorfer See, Oberer Glatzsee). Tal-, Wald- und Bergseen sind ein besonders schutzbedürftiger Teil der Landschaft, wobei als Hochgebirgsseen jene gelten, die über der aktuellen Waldgrenze liegen und eine Oberfläche von mindestens 0,8 ha aufweisen. In Osttirol erfüllen 50 Seen diese Kriterien, das sind tirolweit 27,6 %. Nur der Bezirk Landeck weist mit 54 Hochgebirgsseen eine noch größere Anzahl auf. In Osttirol zählt die Marktgemeinde Matrei 15, die Gemeinden St. Jakob 6, Hopfgarten 5 typische Hochgebirgsseen, und nur wenige davon sind in den Unterlagen der „Tiroler Gewässer" im Auftrag der Tiroler Landesregierung von Dr. Volker Steiner näher erforscht worden.

Deferegger Alpen	35
Schobergruppe	27
Venedigergruppe	23
Villgrater Berge	19
Lasörlingkamm	17
Granatspitzgruppe	11
Karnischer Kamm	11
Panargenkamm	7
Lienzer Dolomiten	6
Rieserfernergruppe	2
Kreuzeckgruppe	2
Gesamt	160

Register (Seenverzeichnis)

A
Ackstaller See	92
Alkuser See	16
Alplesseen, Oberer, Unterer	82, 85
Alplsee	99
Alter See	136, 137
Anraser See	116
Antholzer See	93
Arnitzsee	72, 73
Ascher See	116, 117
Auge Gottes	50, 51

B
„Badener See"	59
Bachmäander (Grünalmtal)	102
Barrenlesee	28
Bei der Lacke	60
Beim See	43
Bergersee	67
Blauer See (Dreiseenweg)	45
Blindissee	80
„Bocksee"	106
Bocksteinsee	106
Bödensee	78, 80
Bründler See	109
Butzen	122, 123

D
Dabersee (Tauerntal)	44
Dabersee (Daberlenke)	80, 81
Debanttaler Waldtümpel	20
Degenhornsee	126, 127
Dichtensee	54
Dorfer See	36
Drei Seen	130
Dürre See	116

E
Ederplan, Kleinsee	133
Eggsee	82, 84
Eissee (Gradenscharte)	23
Eissee (Timmeltal)	62
Erlsbacher Alplsee	85

F
Falk am See	126, 128, 129
Feglitzsee	74
Füllhornsee	141

G
Ganitzsee, Unterer, Oberer	105, 106
Gartlsee	26
Geigensee	99, 100
Gelenksee	106
Glatzsee, Oberer, Mittlerer, Unterer	34
Goldriedsee	40
Göslessee	80, 81
Gradensee, Großer	24
Grauer See (Dreiseenweg)	45, 48
Gritschseen	110, 111
Gritzer Seen	75
Großbachsee	82
Grüner See (Dreiseenweg)	45, 46, 47
Grünsee	117
Gumpenlacke	68

H
Hochgassersee (Dreiseenweg)	45
Hochgrantensee	142, 144, 145
Hochgrubensee, Vorderer, Hinterer	65
„Hofsee"	76, 77
Hollbrucker See	142
Hubertussee	108
„Hungalacke"	31

I, J
Innerer Anger-Tümpel	61
Jochsee	138

K

Keespöllachsee (Gschlößtal)	54
Keespöllachlacke	59
Kesselkeessee	32
Kesselsee	80
Kessertaler Seen, Unterer, Oberer	124
Kircher Almen Tümpellandschaft	139
Klammlsee	90
Klammsee	130
Klapfsee	154
Kleinsäblsee	15
„Knappenlacken"	76
Kreuzsee	25
Kristallkeeslacke	59
Kuhkarlacke	33
Kuhsee, Großer	130

L

Lackachtümpel	59
Lackenbodensee	18
Lackensee	71
Langsee (Felbertauern)	45
Laserzsee	109
Lettesee	116
„Löbbentümpel"	59
Löbbensee	8, 55, 56
Luggauersee	154

M

Maurerersee	122, 123
Michlbachlacke	60
Michlbacher Lacke	112
Mondsee	102, 103
Moor am Peischlachtörl	31
Mundsalseen	112

N

„Naßfeldsee"	106, 107
Neualplseen	12
Nußdorfer See	12

O

Oanlatzsee	122, 123
Obersee (Staller Sattel)	90, 91, 92
Obersee (Felbertauern)	45
Oberseitsee	82, 87, 88
Oblasser Stausee	29
Obstanser See	146, 147
Ochsenlacke	96
Ochsensee	103

P

Pfauenauge	82, 83
„Pitzlessee"	76, 77
Planklacke	94, 95
Plattasee	122, 123
Plattsee (Felbertauern)	45
„Prager" Eissee	74

R

„Rotsteintümpel"	106

S

Salzbodensee	50, 52
Salzplattensee	22
Schafsee, Kleiner	130
Schändlasee	42
Schinakelsee	65, 66
Schoberlacke	27
Schöntalsee	148, 149
Schwarzer See (Dreiseenweg)	45, 48
Schwarzkofelsee	22
Schwarzsee (Arntal)	120, 121
Schwarzsee (Bockstein)	114, 115
Schwarzsee (Dorfer Tal)	38
Schwarzsee (Grünalmtal)	103
Schwarzsee (Rappler)	114
Seealplsee	114
Seebl (Rötlboden)	90
Seebl (Dreitörlweg)	134
See im Grachten	69
See im Großen Barren	27
See im Kleinen Barren	27
Seewiesenalm	20
Sichlsee	113, 114
Sieben Seen	122, 123
Simonysee	64
Stuckensee, Unterer	148, 150, 151
Stuckensee, Oberer	148, 152, 153
Sudetendeutsche-Hütte-Tümpel	41

T

Tassenbach-Stausee	140
Tessenberger Seen	118, 119
Thurner See	12
Thurntaler See, Unterer, Oberer	130, 131
Trelebitschsee	14
Tristacher See	136

U

Unholdensee	120
´s Untere Trögele	20

W

„Walische Lacke"	106
„Walischer Stoan"-Tümpel (Prägratner-Dorfertal)	62
Wangenitzsee	25
Weitsee	122, 123
Weißsee	37
„Weißspitzsee"	96, 97
Wildeneggensee	122, 123
Wildensee	56, 57
Wilfernerlacke	110, 112
Wolayer See	154, 155

Z

Zagoritsee	104, 105
„Zelocks"	30
Zunigsee	72
Zupalsee	70
Zwischenberger Lacke	132

Quellennachweis

Dir. Heinricher Alois, RR. Waschgler Hans – Osttiroler Bezirkskunde; Dr. Steiner Volker – Reinhaltung der Tiroler Gewässer; Dir. Kolbitsch Erwin – Namensdeutung; A. Achleitner – Handbuch zur Namensdeutung; Dr. Stadler Harald – Vorgeschichte Osttirols; Turnovsky Fritz – Die Seen der Schobergruppe; Gemeindebuch Matrei; Pizzinini Meinrad – Kunstgeschichte Osttirols; Walter Mair – Osttiroler Wanderbuch und Bildwanderbuch.

Fotos von allen Seen: Walter Mair

Walter Mair
Liebenswertes Osttirol
Großbildband
160 Seiten mit
100 Farbbildern
gebunden,
3. Auflage
ISBN 3-7022-1709-6

"Befreit atmende Natur"

Osttirol in Wort und Bild

"Gerade weil mit Hintergrundwissen und viel Engagement erzählt wird, Text und Bilder aufeinander abgestimmt sind, vermag "Liebenswertes Osttirol" selbst den kritischsten Leser von der Substanz dieses Bildbandes zu überzeugen".
(W. Beimrohr in Tiroler Heimat Band 559)

"Naturlandschaft und Kulturlandschaft, Wälder und Täler, Städte und Dörfer, Gletschergipfel und Ebenen, Höfe und Kirchen, bis ins erste Jahrhundert zurückreichende Zeugen der Christianisierung und markante Spuren heidnischer Besiedelung, Alltagsarbeit und Gastlichkeit verbinden sich in Osttirol zu einer Stimmung, die den Besucher nicht mehr losläßt und in ihm den Wunsch nach Wiederkehr weckt. Etwas von dieser Stimmung und vom Wesen dieses Landes will das Buch in Wort und Bild, bewußt abseits abgenützter Betrachtung vermitteln. (ÖPU Nachrichten)

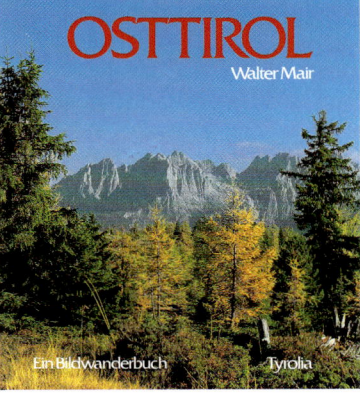

Walter Mair
Osttirol
Ein Bildwanderbuch
140 S. m. 72 Farbbildern, Übersichtskarte und Tourenführer im Begleitheft, gebunden; ISBN 3-7022-1633-2

"Der mit besonders schönen, farbintensiven Fotos vorliegende Bildwanderführer konzentriert sich auf das Gebiet der Lienzer Dolomiten, das Virgen-, Defereggen-, Puster- und Gailtal. Die unterschiedlichen Schwierigkeiten und die Schönheiten der Wege werden in den ausführlichen Geländebeschreibungen deutlich,"
(Erdmann, EKZ- Informationsdienst)

im TYROLIA VERLAG